ÉCRITS THÉORIQUES SUR L'ART

Pro-création ?

CQFD

Ouvrage conçu par
Marion Laval-Jeantet et Benoît Mangin.
Version anglaise par Lisa Gardner.
Le texte de Pavel Pepperstein a été traduit
du russe par Vassil et Dobri Dobrev.

English version starting page 67

Introduction

Ce livre réunit des essais écrits par des artistes contemporains autour d'un jeu de mots.

Pro-création visait dans un premier temps à définir un parti pris : évaluer le pourquoi de la création artistique actuelle selon des critères habituellement réservés au problème de la procréation. Le rapprochement création/procréation n'est pas un débat nouveau, il est pourtant extrêmement d'actualité alors que «l'inondation du marché» paraît pour beaucoup la seule estimation possible de l'existence de l'artiste.

Aussi : pourquoi produire ? L'œuvre peut-elle encore avoir une fonction sociale ? Trouvera-t-elle son bonheur dans le contexte historique ? Y a-t-il une responsabilité de l'artiste-producteur ?

Nous avons choisi de publier des essais qui révèlent une interrogation aiguë sur les conditions éthiques et historiques de l'art émergent, même si parfois leur abord très théorique est difficile. Ce choix, nécessairement subjectif, a trouvé toute sa justification quand, dans ces textes d'horizons très différents, nous avons constaté des renvois troublants, des leitmotivs témoignant de préoccupations communes : la gravité du geste artistique, l'inutilité supposée de l'art contraignant à des stratégies pour forcer l'attention, la nécessité de recourir à la métaphore, à l'action signifiante, le libre positionnement dans l'échelle des références culturelles et idéologiques, la persévérance déraisonnable de l'acte créateur...

Ces textes témoignent, s'il en était besoin, que la réflexion des artistes en matière d'esthétique suit son cours et qu'il serait triste de l'ignorer.

Marion Laval-Jeantet et Benoît Mangin

Hubert Alfonsi

Parthénogenèse

J'appartiens à cette catégorie d'individus pour qui le simple fait d'avoir à choisir constitue une véritable torture mentale. Bref, à une espèce qui mobilise en permanence son énergie pour tenter d'échapper à toute velléité créatrice. Paradoxe de taille qui me donne le vertige chaque fois que je récapitule la somme colossale de choix obligés qui ont présidé à l'élaboration de mon *cordon sans fin*. D'un naturel contemplatif et toujours nostalgique du monde d'avant ma chute dans la matière, tout me semble en général de trop, même lorsque rien ne se passe. Que dire alors en présence d'un événement dont, comble du comble, je suis à l'origine ? La stérilité est au cœur de la totalité de mes aspirations et par ailleurs une perversion sans nom galvanise mes cellules dans un élan impur à produire toujours plus d'objets insipides et polluants qui me disqualifie à jamais.

Mais puisque vivre équivaut à l'impossibilité de s'abstenir, ce n'est que par le désaveu de moi-même, dans une stratégie de phagocytose du sujet par l'objet, que j'essaierai de retrouver la douce ataraxie d'avant ma naissance.

Faire œuvre, c'est, pour moi, me faire l'objet de ma propre insignifiance, insignifiance comparable et égale à celle de la marchandise la plus banale, l'objet de ma propre dévitalisation, de mon propre renoncement à me survivre dans une progéniture ou une démiurgie artistique héroïque. Depuis ma stérilisation volontaire, ma pratique artistique, vouée à un incontournable et paradoxal dialogue entre les notions de création et de stérilité, s'affirme comme une expérience qui tire son exemplarité, non de la conformité à un archétype formel (la peinture ou la sculpture), mais d'une équation personnelle qui se confond avec un refus affiché de la paternité biologique et de toute forme de glorification de la matière.

Limitant rigoureusement mon champ d'expérimentation plastique à cette seule position éthique, tous mes travaux portent, de ce fait, l'empreinte d'un geste de refus et de rupture revendiqué par moi comme iconoclastie : ma vasectomie (opération très simple qui consiste à sectionner le canal déférent qui véhicule les spermatozoïdes au niveau du scrotum). Cette coupure, suivie de la ligature du coupable canal, est métaphorisée dans mes «hosties-cartes de visite» par une cordelette elle-même interrompue de façon régulière et répétée. Cette interruption se retrouve dans le mode de présentation du *cordon sans fin, segment x à y*, puisque cette longue chaîne d'objets qui a pour vocation de se dérouler à l'infini en traversant les lieux de l'art est également régulièrement interrompue par le mécanisme inévitablement castrateur de sa monstration (chacun des deux murs opposés du lieu d'accueil fonctionnant comme un couperet de guillotine).

Je veux montrer comment le dispositif de clôture muséographique, sans lequel il n'y a pas de légitimation artistique possible est, paradoxalement, tout à la fois une puissance d'attraction et de castration momentanée de la vitalité de l'artiste. Pour cela j'ai choisi une option stratégique de présentation dans laquelle mes marchandises libidinales sont utilisées comme unités de mesure venant désigner par un chiffre la place que chaque espace d'exposition assigne à la vanité de mon désir d'érection artistique.

À la fois œuvre concrète et stratégie artistique, *le cordon sans fin* me permet de simuler joyeusement le scénario aujourd'hui bien dérisoire de l'artiste don-juanesque : accumuler les conquêtes, c'est-à-dire les espaces d'exposition, satisfaire mon inclination au voyage dans un coït pouvant être permanent et se réaliser en plusieurs lieux simultanément. En tant que stratégie, *le cordon sans fin* parodie le mode implicite de fonctionnement des artistes actuels : traverser les lieux de l'art, ne pas s'y attarder, les pénétrer superficiellement, les collectionner comme tout séducteur qui se respecte, en bref allonger sa liste de conquêtes. Ainsi, depuis sa première apparition, mon simulacre de fiction a vocation à être utilisé comme unité de mesure de son espace d'accueil. Chaque segment du *cordon sans fin* met en valeur un chiffre, celui de la «puissance d'absorption» du lieu, qui est tout aussi bien le «coefficient de vanité» de ce vrai-faux mégalo que je suis. Ce chiffre sera ensuite repris comme référence de base pour la numérotation de l'exposition suivante.

De galeries en centres d'art et de centres d'art en musées, je pourrai au fil du temps effectuer le tracé d'un parcours à la fois géographique et artistique, touristique et muséographique, et donner à voir l'œuvre pour ce qu'elle est : une longue chaîne métastatique proliférante et polluante, une sculpture-itinéraire régulièrement interrompue par le mécanisme sporadiquement castrateur de sa monstration.

Ma visée : la synchronie, sinon parfaite du moins acceptable, entre l'homme dénaturalisé, dévitalisé que je suis, et sa forme-marchandise objectale par réduction de l'un et de l'autre à des signes élémentaires. Chaque pièce peut se décrypter comme une métastase cancéreuse de sa formule de base, clone d'un signifié de référence lui-même introuvable.

Mes hosties sexuées n'expriment rien d'autre qu'un amenuisement de l'être au profit de l'objet, qu'un glissement de la séduction vers la fascination. Allergiques à la solennité du sens, elles se délestent de toute gravité et de tout pathos. Pour moi, tout se passe comme si la position du Sujet était devenue intenable et comme si la technique du soufflage utilisée pour la réalisation de mes marchandises utopiques allégées s'offrait à point nommé comme une chance de dissolution des structures lourdes de l'Être, comme une chance de neutralisation des émotions et d'éradication des pulsions.

Nul n'est plus en mesure aujourd'hui, et c'est assez réjouissant, de s'assumer comme Sujet de savoir, de pouvoir ou de l'art. Tout le destin du Sujet est en train de basculer dans la fatale et banale Forme-marchandise, Forme-marchandise allégée qui est la réponse la plus élaborée sur le plan de la matière que j'aie pu apporter aux questions : comment être libre de soi ? Comment surmonter le funeste penchant à l'expression ? Arrivé à cette conclusion que tout geste est un geste de trop et tout gesticulateur un imposteur, j'essaie de discipliner mon ego dans un programme qui me demande peu d'efforts, peu de contraintes et peu de variations... La notion de diffusion y est pourtant importante. L'attitude qui consiste à multiplier mes seuls attributs sexuels defertilisés et aseptisés sous la forme d'objets-hosties traduit paradoxalement une volonté de distribution eucharistique, clinique et fragmentaire de mon corps qui ne passerait plus cette fois-ci par la malédiction de la reproduction sexuée mais par un renchérissement sur l'abstraction formelle et fétichisée de la marchandise elle-même. C'est une façon singulière de me multiplier par scissiparité qui contourne d'une part la loi de la différence des sexes et d'autre part celle de la production industrielle utilitaire. À partir d'un certain seuil d'évolution technique en effet, et dans la mesure où les besoins primaires sont satisfaits, nous avons davantage besoin d'une comestibilité fantasmatique, allégorique et ludique de l'objet que de sa véritable fonction.

Mon attitude de surenchère molle, basée sur la prolifération de mes simulacres de fiction, désamorce et renvoie dos à dos toute intention iconoclaste à prétention policière (idéalisme des «conceptuels» qui rêvaient d'un *kidnapping* de l'œuvre d'art en tant qu'objet matériel) en même temps que toute pratique fétichiste se cramponnant nostalgiquement au prestige obsolète de l'œuvre unique et rare.

L'artiste est de plus en plus condamné à se copier lui-même et à assumer en toute conscience le caractère incontournablement sériel de la création. C'est la condition paradoxale de notre situation actuelle : celle d'une subjectivité fascinée par la positivité d'un monde technicisé qui la nie radicalement. Il y a là comme un destin de l'art. Ce qui était jadis représentation, redoublement du monde dans l'espace est devenu répétition, redoublement indéfini du geste puis de l'objet. Geste dans un premier temps à l'expression ébouriffée (différentes abstractions et dripping), puis geste totalement programmé dans l'espace et la durée (On Kawara, Toroni, Opalka...). De manière plus radicale enfin, redoublement du même signe de peinture dans le temps, signe évacuant toute trace de gestualité (les bandes rayées pré-imprimées de Buren). Avec Buren, c'est l'estocade finale dans le domaine de la peinture de la subjectivité en acte. L'autre versant du refus de cette subjectivité en acte est inauguré par le courant minimaliste avec ses *specific objects*. Au plan des idées, leur intuition commune aura été d'avoir saisi que la subjectivité en acte, malgré l'instantanéité sublime qu'elle affiche (de bonne foi d'ailleurs), ne peut qu'obéir aux mêmes contraintes formelles d'organisation que le monde fonctionnel et à la même systématique sérielle.

À la suite de Buren et des minimalistes, je m'oppose (avec beaucoup d'autres du reste), à toute forme de subjectivité en acte. Mais comme je ne crois pas, par ailleurs, à des œuvres purement tactiques qui pourraient faire l'économie de la stase expressive, je préfère parler de mes simulacres libidinaux en termes de subjectivité instrumentale, de subjectivité refroidie ou fossilisée.

Évidemment, mes hosties-gadgets ne sont pas un simple substitut symbolique de la procréation, plus ouvertement elles se donnent à décrypter comme une variante du fantasme gnostique qui consisterait à casser la chaîne de l'existence. Héritier de la sensibilité cathare ou bogomile selon laquelle le seul malheur véritable est de venir au monde, les rejetons que je diffuse n'appartiennent pas à l'ordre du vivant, ce sont des morceaux de viande métaphorisés, fossilisés, désincarnés, sans affects, et qui ne connaîtront jamais les affres de la déchéance physique. Ils constituent, dans la volonté de me protéger de l'atavisme de la reproduction sexuée, ressenti par moi comme malédiction inacceptable, un dispositif d'exorcisme de la Fatalité, une insoumission à l'idéologie naturaliste et aux dogmes religieux, enfin un recyclage de ma personne sous la forme d'unités de mesure, synthétiques et non-biodégradables.

Plus marchandises que les marchandises, en ce sens que toute valeur d'usage a été ici intentionnellement gommée au profit d'une valeur d'échange exponentialisée, elles sont la manifestation joyeuse d'une surenchère théorique et non pas la conscience malheureuse, ironique, écologiste, sceptique ou critique de la marchandise aliénée (Bickerton, Koons ou Steinbach). En ce sens, ma démarche est aux antipodes du ready-made sous toutes ses formes actuelles (arrangements, augmentations, diminutions, *shopping as art*, néo-géos ou simulationnistes américains). Je refuse le ready-made pour sa valeur explicite et univoque de signe plein. Je suis bien plus fasciné par l'arbitraire, le trait d'esprit, l'équivoque, et aussi l'immoralité des signes vides.

L'intérêt de mon gadget de luxe réside dans le fait qu'il n'a plus de valeur stable, repérable, consommable, en bref aucun statut définissable mais seulement une fonctionnalité de SIGNE. L'ordre de NATURE y est partout présent dans sa version expurgée de signe, une nature continuellement maîtrisée, sophistiquée, abstraite. Une nature sauvée du temps, de l'angoisse et de la fatalité de sa propre dégradation. Passant continuellement à l'artifice et à la culture par la vertu du SIGNE, c'est une nature systématisée.

Mes marchandises proliférantes montrent sur le mode parodique que l'artiste d'aujourd'hui ne peut échapper à l'excès, à la démesure, à l'immoralité, à la monstruosité des moyens techniques mis en œuvre pour la réalisation de chacun de ses délires. Vivant la création comme une «défonce», je ne fais que tester ma propre puissance d'intervention. Le nombre imposant de ces super-gadgets démontre simplement que toute forme d'activité, pour être repérée, doit tendre à la monumentalité et à la Forme-publicitaire. Toutes les pratiques humaines semblent aujourd'hui absorbées dans ce mode d'expression qui n'est pas seulement publicitaire mais aussi plebiscitaire parce qu'il est simple, vaguement séducteur, tout en surface, degré zéro du sens, forme rhétorique de plus en plus neutre et destructrice d'un maximum d'intensités. En d'autres termes : miser sur le toujours plus de valeur d'échange, sur le toujours moins de valeur d'usage... De valeur d'usage (économique), mes marchandises n'en ont aucune. Et c'est bien là que réside leur immoralité fondamentale : dans la contemplation et la fascination du processus qui a permis leur réalisation, dans la débauche des moyens techniques et financiers exagérément importants mis en œuvre au regard de leur futilité et de leur non-fonctionnalité.

Mourir est banal, c'est le sort de tout un chacun. Plus difficile est de savoir disparaître. En tout cas, rien ne sert à l'artiste de mourir s'il n'a pas su au préalable disparaître, c'est-à-dire s'effacer en tant que Sujet et disperser son ego dans les apparences démultipliées de son œuvre. Ce qui était jadis de la part de l'artiste une anticipation sur sa propre mort, un au-delà de sa propre fin au sein de la vie elle-même, est devenu, avec l'affaiblissement de notre rapport à l'être, la condition commune. Nous pourrions parler aujourd'hui d'un individu éclaté, désubstantialisé, d'un «sujet fractal» qui, au lieu de se transcender de manière homogène dans une finalité ou un ensemble qui le dépasse, se diffracte en une multitude d'egos miniaturisés, tous semblables les uns aux autres, se démultipliant sur un mode embryonnaire comme dans une culture biologique, saturant son environnement par scissiparité à l'infini.

Le cordon sans fin est obscène et pornographique. La neutralité du blanc donne à l'ensemble des pièces alignées une dimension de platitude, de banalité et de dé-sexualisation généralisée qui érotise en retour le moindre détail comme un fétiche quasi-pornographique. Cette célébration du fragmentaire et du macroscopique, cette insistance sur le gros plan, sur la répétition et le bégaiement de l'œuvre sont les caractéristiques mêmes du porno. Notre regard est devenu entièrement cinématographique. Le plan panoramique du grand écran est à la peinture de la renaissance ce que le gros plan du porno est à la peinture maniériste du 17e siècle. La poétique de mon travail me paraît être en analogie avec celle du maniérisme, mais au lieu de prendre la peinture pour champ d'application (le code de la représentation était encore d'actualité au 17e siècle), c'est le simulacre de fiction qui en est le vecteur signifiant.

Plus l'individu physique s'oriente vers une faible définition, plus il se désubstantialise ou plus il aspire à se dématérialiser et plus l'objet et l'image (de lui-même) évoluent vers une haute définition. Haute définition et pornographie sont synonymes.

Mon œuvre est optimiste, car elle anticipe sur l'inéluctabilité de son propre développement, sur l'immoralité de son impérialisme, sur l'évidence de sa vitalité. Sa raison d'être en tant qu'œuvre plastique semble se confondre avec l'évaluation métrique de son déroulement et de sa structure expansive. Paradoxe entre une positivité exubérante et un «état des lieux» moins juvénile et moins niais puisque le présupposé ontologique qui a présidé à l'élaboration du *cordon sans fin* est la pauvreté fondamentale de l'Être. Être à qui il manque quelque chose d'essentiel : l'intarissable richesse intérieure qui justement lui permettrait de se renouveler à satiété.

Mon rêve «involue» vers le bas, en deçà de toute représentation, vers mon équation personnelle idéale, vers la plus petite fraction moléculaire de moi-même, vers ma plus basse définition sexuée. Narcisse métastatique qui met en lumière la nouvelle place qu'occupe l'homme dans une société technicisée : celle de modèle instrumental.

Nul doute que ma stérilisation volontaire se désigne ouvertement comme suicide sublimé anticipant symboliquement sur ma mort réelle. Faire œuvre, c'est me faire le sujet de ma propre disparition en tant que sujet désirant, c'est mourir en tant que Sujet pour renaître en tant qu'objet porteur de toutes les informations concernant cette métamorphose. Ce processus achevé, toute velléité de renouvellement formel serait de ma part incohérent : me renouveler par œuvre interposée signifierait une volonté de reconquête de l'état antérieur de Sujet désirant, et par là-même un renoncement au statut si confortable d'objet (du désir des autres).

Des réalisations artistiques, je n'en souhaite pas trop. Seulement ce qu'il faut pour qu'on me laisse en paix avec les réalisations, de façon que je puisse, en flânant, me vautrer dans l'Indifférence à la Réalisation elle-même. L'art n'est peut-être pour moi qu'un impardonnable réflexe de survie : sortir de temps à autre de ma retraite et manifester aux yeux des vivants juste ce qu'il faut de délire pour paraître encore leur contemporain.

Hubert Alfonsi a réalisé sa vasectomie en octobre 1982. Il survit à Ajaccio, France.

ART ORIENTÉ objet

Ready-thought

L'art se débat toujours entre son devoir de mythe et son inévitable réalité ! C'est un débat dont on avait cru voir la fin avec «l'œuvre ouverte». L'artiste produisait une réalité dans laquelle le spectateur fondait ses désirs mythiques...

Nous trouvons aujourd'hui l'art à l'étroit dans cette conception qui dénie ses capacités programmatiques et narratives. «L'œuvre ouverte» est devenue une coquille vide, conçue pour qu'on remplisse les blancs autour d'une astuce conceptuelle ou plastique. «L'œuvre ouverte» nous semble aujourd'hui d'une indétermination intolérable. Elle est totalement opposée au processus classique de l'iconologie, et a même probablement contribué au désaveu actuel de l'art contemporain.

On a trop pensé que le mythe naîtrait de lui-même à l'application de n'importe quelle astuce, de n'importe quel procédé «linguistique» sur divers pans de réalité choisis... Il nous semble au contraire qu'il ne résulte de ces jeux intellectuels qu'une opacité accrue, une vision parfaitement hermétique et désincarnée, et même une décomposition de la réalité. La complexité du procédé ne crée pas le mythe.

Le mythe naît de l'évidence du contenu de l'œuvre dans le regard du voyeur, évidence étroitement liée à sa qualité d'incarnation. Dans ces conditions, le jeu conceptuel est en insuffisance par rapport à la réalité. Au lieu de le prendre comme source de réflexion à appliquer au monde, nous tenons à le traiter comme objet d'une réalité à reconstituer, à incarner : ce principe, relativement occulté dans une bonne partie de la réflexion sur l'art contemporain, rejoint le principe fondateur du langage orienté objet. Il est la raison de notre nom.

Dans le vase de «l'œuvre ouverte» s'est infiltré l'académisme insignifiant qui accompagne son époque de simulacres formels non narratifs et non individualisés, «d'indices mous» conduisant inéluctablement à l'indifférence générale. «L'œuvre ouverte» reste au niveau du langage d'époque, de ce stade iconographique surexploité, qui aborde l'effet de la forme en tant que schéma. Seul le programme iconologique peut redonner un sens à la forme en instaurant derrière ce langage une subjectivité, une critique, qui aillent jusqu'à la perversion de ce propre langage. La «marque» de l'artiste n'est plus une homogénéité formelle, mais bien un regard particulier entraînant un travail de longue haleine. Et, au sein d'une relative indifférence, aborder aujourd'hui cette dimension iconologique et mythique de l'œuvre, dépasser ce stade de la signification formelle au profit d'un programme plus vaste de vision du monde subjectivée, c'est imposer un art à subir. Contraindre à subir une *œuvre fermée*, où l'astuce invite, où le fond s'insinue et infirme l'astuce même... contraindre y compris en employant tous les pièges psychanalytiques possibles : *l'expérience du réel incarné ne s'impose à nous qu'à travers la mise-en-œuvre d'un art manipulateur entraînant un rapport de force psychique*. Cette conception de l'œuvre à subir pose toutes sortes de difficultés vis-à-vis de l'histoire de l'art. Il ne s'agit plus de ne faire que de la synthèse stylistique dans un miroir horizontal, il faut maintenant croire au sens opératoire de l'œuvre. Ce qui oblige à «calculer» un maximum de paramètres, à dominer autant que possible les ressorts de l'œuvre, les détails plastiques pour conduire vers la lecture voulue... Tant pis si cette œuvre est proclamative et d'une élaboration trop sophistiquée, puisqu'elle obéit à des paramètres essentiellement non conceptuels, intuitifs et affectifs, voire «inspirés».

L'œuvre à faire serait pour nous celle où la dimension iconologique et critique se partagerait également entre
- *l'artifice* : passage obligé par la corporéité de l'artiste (un ready-made peut proposer un aspect de réalité, mais il ne peut certainement pas témoigner par sa simple présence de la réalité de la mise-en-chair contrôlée) ;
- *le positionnement par rapport au monde* : l'évolution du langage de l'image suit les contextes sociaux à travers la subjectivité de l'artiste, l'élargissement du pouvoir connotatif passe donc par un art adressé à son époque ;
- *le vécu* : réservoir inépuisable, obligatoire pour, en créant des pièges, éviter d'y tomber soi-même ;
- et *la théâtralité, le spectaculaire* : indispensable à son état de forme à subir.

Autant de facteurs qui assureraient la «lecture dirigée», l'interprétation précontrainte de l'œuvre, à l'écart de toute complaisance individuelle. L'œuvre conserverait enfin la plus grande *lisibilité* possible de ce qui l'a determinée, forçant l'évidence du concept par l'emploi de formes passées dans un fond commun de lecture plus ou moins conscient, autrement dit «mettant les points sur les i». Nous recherchons en somme une «efficace», nous agissons délibérément sur la manipulation des idées, reconduisant inlassablement la logique qui veut que l'expérience vitale agisse sur le psychisme.

Nous aimerions insister sur le fait que l'iconologie ne s'est probablement jamais absentée de l'art, elle est seulement un stade plus ou moins latent, plus ou moins revendiqué comme actif ou passif selon les périodes. Manipuler, c'est croire en l'action iconologique, à l'opposé de la passivité du schéma iconographique de «l'œuvre ouverte», c'est réintroduire le «machiavélisme» dans l'art, au sens premier du terme, machiavélisme qui était autrefois un ressort usuel de l'iconologie (ou de la poésie selon Edgar Allan Poe) : chercher, à partir de l'expérience et de l'histoire, à dégager les lois et les techniques efficaces de la lisibilité de l'œuvre ; la solution tenant compte de la «fortune» et des aléas de l'imagination individuelle. L'œuvre devient un lieu de collisions entre différentes zones de connotation, un concentré d'expression dont les limites sont à fixer au préalable. Dans ces conditions, la référence devient une affaire de libre-entreprise, de libre-arbitre, d'acceptation du langage de l'époque. Nous l'utiliserons ou nous en passerons librement selon la nécessité qui s'en fera sentir dans la lecture de l'œuvre. La citation telle que la sacralisait le postmodernisme perd de sa résignation, elle perd sa fonction passive pour devenir élément actif du vocabulaire iconographique, avec tout l'irrespect que subissent les mots du langage courant. Il ne s'agit plus de citer, terme qui tient de l'éloge funèbre, mais de faire référence en passant, car on prévoit la signification qu'aura cette référence (quelquefois fortuite) dans le cours de la lecture. Il n'est plus temps de craindre la multiplication des images, nous sommes nés dans cet état de fait et avons bâti les mêmes systèmes logiques que nos aînés, infirmant ainsi en partie les théories de la déconstruction... La multiplication des images fait quoi qu'on en pense toujours référence à un vocabulaire humain de base finalement assez «limité»... Citer était à l'époque postmoderne faire preuve d'une inquiétude, faire référence est aujourd'hui faire preuve d'une simple capacité d'assimilation et d'analyse critique des contraintes socioculturelles, nous sommes à nouveau en pleine «époque classique» ! L'art manipulateur n'hésitera donc pas un instant à citer ou à pervertir une référence (en particulier historique ou mythologique) dont le pouvoir connotatif a fait ses preuves pour s'attacher une lecture supplémentaire, se charger toujours davantage. Comme le surréalisme qui privilégiait l'expérience poétique sur l'expérience conceptuelle pour l'appréhension de la réalité, il accepte d'avoir recours aux grands mots simples du monde. Il conçoit les choix faits par l'histoire comme un à priori acceptable du vocabulaire humain.

Nous pensons que la réaction n'est plus le moteur de «production» de l'art, on n'en est plus à déclarer la mort ou la renaissance de l'art, mais à radicaliser différents choix artistiques. Et la radicalisation est une étape très longue... qui contraint à assumer les références historiques, et à en tirer un parti maximum. Le langage qui en résulte, nécessairement actuel, est débridé et atypique... donc dérangeant, mais là n'est pas sa préoccupation majeure.

Au début du siècle, en pleine ère industrielle, l'art intégrait le ready-made, introduction de l'objet manufacturé dans le vocabulaire des formes ; nous voudrions expérimenter - non sans humour - un *ready-thought*, introduction dans le vocabulaire artistique actuel des pensées éprouvées par le sens commun. À l'aube d'un *cognitariat* tant souhaité, glisser du «ready-made amélioré» au «ready-thought améliorable». Glisser de la fascination pour l'objet industriel à la fascination pour la pensée opérante. La multiplication de l'utilisation des proverbes et des lieux communs en art prouve bien qu'il s'agit là d'un langage d'époque. Il s'agit d'assurer une survie de l'art non plus par la surenchère de production formelle, mais par une prolixe gestion d'idées formulées ; de passer du détournement de l'objet, propre à une culture consommatrice, au recyclage des idées, propre à la limitation de l'existence terrestre.

Il faut bien l'admettre, l'art est monstrueux par essence. N'est-il pas en effet l'exploitation absolue de l'enfermement dans cette dimension terrestre ? Pourtant il reste le moyen le plus sûr pour que notre entendement comprenne l'inappréhendable réel. Imaginons un instant que l'incarnation soit une manipulation physiologique de l'homme, l'art, lui, serait la manifestation de toutes les possibilités d'intervention sur l'incarnation, il pourrait aborder sans contrainte tous les schémas humains qui sont devenus l'affaire des comités d'éthique.

L'inquiétude d'un art désincarné nous a poussés jusqu'à présent à multiplier les figures de l'inconséquence, dans une fuite signifiante, suivant une logique de cause-à-effet. Comme si de cette prolifération où s'interroge notre responsabilité à produire nous pouvions tirer des actes salvateurs ! N'est-il pas logique de penser que, dans une société «en crise» économique et structurelle, l'art ne peut survivre qu'après avoir justifié d'une capacité à mettre en abîme les délires engendrés par cette société : l'extinction des espèces rares, la science comme ultime repère, l'intoxication et la rumeur ? Avec la disparition de la diversité biologique, les expériences d'incarnation se limitent : va-t-on vers un appauvrissement du potentiel terrestre obligeant à un recyclage humain commençant par les idées ? (Il est urgent de vivre de son vivant une vie animale !)

Parler de la mise-en-forme de l'incarnation, depuis la surpopulation et la manipulation génétique, c'est parler d'une question éthique. Et dans ce cadre, parler d'une fonction possible de l'art, c'est le définir comme un contre-pouvoir des comités d'éthique ; nul ne s'étonnera que l'indifférence vis-à-vis et au sein de l'art puisse être alors comparée à l'acceptation passive d'une mise-sous-tutelle de la pensée. Plus que jamais, tenons-nous à l'écart du consensus récent selon lequel du savoir commun naîtrait la morale de l'époque, selon lequel du savoir scientifique seul dépendrait la survie d'un monde condamné. Plus que jamais, conservons notre regard critique, notre libre-arbitre, au-delà de toute obligation sociale. Car la plus grande action (mais aussi subversion) morale reste l'absurdité de la persévérance du dit artistique, en toute connaissance de cause, loin de toute dérision, et de tout dérisoire.

Le dadaisme a pu librement se poser la question de l'homme machinique, l'Internationale situationniste celle de l'environnement urbain capitaliste... aujourd'hui la question serait : quelle est la place de la productivité artistique face à des débordements humains qui saturent une surface terrestre de plus en plus limitée ? Et nous n'y trouvons de réponse qu'au travers du *ready-thought améliorable et perturbateur.* L'art orienté objet se voudrait une *dilatation de l'évidence*, la pure aggravation d'un état de conscience.

ART ORIENTÉ objet est un groupe fondé en 1991, ses membres vivent et travaillent à Paris, France.

Pavel Pepperstein

Idéologisation de l'inconnu

Aujourd'hui, dans notre situation culturelle moscovite, les idéologies définissent non seulement l'activité esthétique et son modèle d'orientation, mais aussi le contenu de cette activité voire ses intentions. Dans ces conditions, le sujet idéologique se présente non seulement comme le modèle concret d'une activité artistique mais aussi comme la matière première de cette activité. L'idéologie est reçue comme un objet esthétique, de la même manière extrême que l'esthétique est comprise comme représentant et interprète de l'idéologie.

Avec l'expérience du discours post-structuraliste, nous ne pouvons pas voir l'idéologie autrement que comme un objet critique. L'idéologie est devenue un objet de description, de distanciation et de mémorisation. Il faut la préserver de toute interaction avec d'autres domaines autonomes, tels par exemple les domaines des relations personnelles, économiques ou esthétiques ; car l'idéologie a ses propres statuts immanents.

Cependant il reste un domaine, celui du langage, où même la critique de l'idéologie est encore de l'idéologie. Dans la mesure où le langage est idéologique, il rend idéologiques tous les gestes artistiques, même si ces gestes sont dirigés vers la dissolution et l'anéantissement du langage. Le postmodernisme a proposé (ou tenté) ni plus ni moins de désidéologiser le langage, pour le transformer en «littérature», de le libérer de sa situation de devenir éternel (le dao culturel) pour l'orienter vers la «tradition totale» (le nirvâna culturel !). Autrement dit, il a essayé de surcharger de références chaque énonciation une fois pour toutes, d'en faire une littérature en relation avec cette «tradition totale». Le postmodernisme, à l'identique d'un corps mort, figé dans la mémoire comme dans la tombe... tandis que le corps vivant continue d'évoluer dans la mémoire dans des positions multiples, toujours changeantes. Ainsi est-ce la littérature et non le langage qui opère des métaphores, et l'idéologie réagit à cette substitution ; elle a perdu son intérêt traditionnel envers la théorie et renouvelé un intérêt pour les métaphores, qu'elle a élevées au rang d'intentions esthétiques. Dans cette situation les propositions esthétiques de l'artiste ont pris une nuance idéologique, parce qu'elles ont un rapport à l'idéologie à travers les métaphores, et de plus, elles sont elles-mêmes productrices d'idéologie.

Je pourrais définir trois types actuels majeurs de gestes esthético-idéologiques : un geste fondateur, un geste de protection, et un geste d'adieu.

Dans le premier cas, le producteur postmoderne a conçu l'idéologie comme un espace pour l'expression de son activité esthétique, assumant les fonctions schizo-démiurgiques d'un dieu quelconque, qui crée un monde pour s'y manifester. Dans le second cas, le producteur a senti le danger émanant de l'espace idéologique (parfois créé par lui-même) et il a répondu par des gestes de protection : l'ironie, l'analyse, ou n'importe quelle autre forme de distanciation (la schizo-analyse de Monasteirskï par exemple). Dans le troisième cas, le producteur tient compte des attitudes précédentes comme d'une thèse et d'une anti-thèse, et tente une synthèse grâce à une maîtrise constante de la culture émergente. Cette maîtrise lui permet de s'éloigner d'un «centre vide» en relation avec la tradition (tradition qui n'est pas naturellement au niveau de l'ontologie, mais au niveau du langage), alors l'artiste peut accomplir des gestes d'adieu adressés à toutes les situations possibles : il peut réaliser les intentions esthétiques qui dépassent la décadence («méta-décadentes»), ce geste apparaît à l'heure actuelle comme l'ultime découverte des parades au postmodernisme.

Pour donner des exemples, Kabakov accomplit les trois gestes successivement, de l'idéologie du «centre vide» aux «gestes de protection», puis aux «gestes d'adieu» auxquels il parvient par une distanciation culturelle au sein de sa propre tradition. De même, Monarsteirskï, de ses gestes fondateurs (*Actions métaphysiques* des années 70), à une «protection» en forme de schizo-analyse, et à des gestes d'adieu en forme de rétrospectives et discussions actuelles, qui s'accomplissent encore dans ce commode «centre vide».

Cependant, on peut donner des exemples d'artistes qui, dans leurs propositions, ont joué seulement une partie de cette triade.

En ce qui concerne les artistes qui produisent exclusivement le dernier geste - c'est-à-dire le geste d'adieu articulé autour de la question : quel est mon rôle, moi qui suis depuis le début de mon activité dans le «centre vide» de la tradition sans arriver à en sortir ? c'est là que j'interviens. La technique des gestes d'adieu et globalement la manière de dépasser la décadence (la «méta-décadence») sont apparues avec la création du recueil *L'étoile de l'amour*, où les avant-gardistes moscovites ont écrit des textes encore assez traditionnels, ironiques et même décadents.

Bien sûr je ne voudrais pas prétendre qu'on ait épuisé les ressources de ces gestes. Mais il se peut qu'après l'accomplissement des gestes d'adieu, l'absorption et le dépassement de la décadence (la «méta-décadence») commencent à se manifester dans une autre situation non postmoderne.

Pour l'instant, la mentalité postmoderne, encore d'actualité, propose des gestes d'attitudes parfaitement constants, adressés en priorité au modernisme, mais aussi aux autres traditions fondamentales les plus refermées sur elles-mêmes. Cette mentalité se définit elle-même par de multiples métaphores, elle hésite constamment entre «l'affirmation et la négation d'elle-même», entre deux attitudes: la «grande victoire» et la «grande défaite». Chacune d'elles propose un espace psychologique particulier qui résume bien les propositions moscovites.

Ces représentations, comme prémices idéologiques, ont défini les *nomi*, sortes de «complexes de réalisations linguistiques» d'artistes et groupes artistiques. J'ai abordé cette notion de *nomi* en détail dans l'article «La cristallisation de la *nomi* de Moscou-nord-ouest». Cette notion a plusieurs sens et elle appartient à une catégorie souple et changeante.

Tout d'abord la *nomi* est un espace psychologique constitué autour de textes. C'est une représentation écrite ou orale à l'aide de laquelle l'avant-garde moscovite s'est remise en question le temps de son existence, c'est-à-dire dans les années 70-80. La *nomi* a créé globalement un «cercle de discussion», qui a réuni nombre d'artistes et de groupes. Ces artistes ont choisi des thèmes, ils ont parlé d'eux-mêmes et ce cercle de discussion reflète leur activité (ils ont choisi leur bannière).

La *nomi* se conçoit comme une communauté de gens qui envisagent les réalisations linguistiques futures, comme un «cercle» : il y a ceux de la *nomi* et ceux qui n'en sont pas.

Maintenant, nous sommes conscients que la culture est un système de relations corrélatives, nous considérons que la *nomi* moscovite est un modèle unique, ses membres ne se connaissent et ne s'apprécient pas toujours, mais sont pourtant liés par des liens fraternels, spécialement quand il s'agit de la définir.

La *nomi* n'existe que par son auto-définition constante, «cercle» qui parcourt sans arrêt ses «extrêmes», rien ne compte tant que la désignation constante de ses membres (ainsi le «centre» et la «périphérie» de la *nomi* ressortent, certains noms reviennent toujours, créant des noyaux durs inévitables, tandis que d'autres sont interchangeables), ainsi s'établit une hiérarchie, la *nomi* est «auto-structurée».

Si on pouvait définitivement fixer la notion ambivalente de *nomi*, on parlerait de trois niveaux : la tradition, le complexe des réalisations linguistiques, le cercle des acteurs (l'élite).

L'espace mental de la *nomi* a marqué n'importe quel avant-gardisme moscovite. Et chaque artiste se définit lui-même précisément en relation avec cet espace de la *nomi*, et non pas par exemple en relation avec l'art occidental comme cela apparaît en Europe de l'Est ou en partie à Saint-Petersbourg.

Dans la *nomi*, l'orientation de l'idéologie est la «valeur essentielle». Quand cette valeur parle, tous se taisent, ou sont obligés de se taire.

Dans le processus de notre «geste fondateur» idéo-esthétique, nous avons ramené les différents modèles idéologiques possibles à un seul. Ce modèle est le seul à s'exprimer, dans la mesure où la tradition mentale ne donne pas la possibilité d'une traduction littérale des valeurs idéologiques inhérentes au modèle occidental. Le modèle esthétique absolu, ou sphère de la conscience opératoire, est et doit rester idéologique.

L'idéologie, qui reste donc la sphère normative, est obligée de transformer quelques valeurs-objets caractéristiques, dont l'essentiel semble être, dans notre contexte précis, le silence. Aussi l'idéologie ne peut pas rester muette, ou le langage se tairait également.

Ce dilemme nous a conduit à concevoir une «idéologisation de l'inconnu». Les divisions que nous concevons dans l'espace esthétique sont purement artificielles, et nous pouvons sans difficulté réaliser de nouveaux gestes fondateurs idéologiques : désidéologiser l'apparence et idéologiser l'inconnu. Nous avons créé pour cela l'espace idéologique «Inspection».

Dans la pratique, les valeurs inspectrices et émergentes de «l'inconnu idéologisé» sont toutes mesurées en fonction d'une valeur idéale, selon laquelle est évaluée la valeur de base de chaque proposition plastique lancée - c'est dans un premier temps la «distanciation de la valeur».

La définition de cette valeur idéale apparaît de manière très curieuse. D'un côté elle est absolument spontanée, et de l'autre elle se veut absolument indépendante de toute impression ou émotion personnelle. La prédire est presque impossible.

Nous subissons toujours la «grande défaite» dans le cadre de cet «inconnu idéologisé», et la résonance de cette défaite a un effet thérapeutique sur notre activité inspectrice. D'un côté nous vivons dans l'inquiétude d'un inconnu de l'inconnu, de l'autre nous produisons un travail constant sur l'idéologisation de cet inconnu, travail qui pourtant ne peut engendrer autre chose que la «grande défaite». En d'autres mots, nous avons délibérément choisi de travailler avec l'idéologie, même si ce travail d'idéologisation constante ne peut nous conduire qu'à la défaite, qui est peut-être un passage obligé.

Ainsi nous nous sommes créé une méta-position, c'est-à-dire une position au-delà de l'habituelle opposition idéologie/critique de l'idéologie, ou de l'opposition modernisme/postmodernisme. En créant ce palier mental, nous avons développé différentes capacités de manipulation des courants stylistiques antérieurs, et de définition des paradigmes dominants du langage (paradigmes qui semblent sortir du même processus d'idéologisation de l'inconnu). En particulier nous avons défini un paradigme des plus importants pour l'heure : «des bannières de toutes tendances !» (la récupération de toutes les bannières). Là seulement la «grande défaite» rejoint la «grande victoire». Sous le signe des bannières multicolores, elles se fondent au point de devenir indissociables.

Ces *status* mentaux rejoignent un fond quotidien, de la même façon que toute autre métaphore brillante rejoint les intérêts communs du discours quotidien (de la tombe de la littérature, ils réintègrent l'espace du langage).

Nous nous sommes rendu compte que le postmodernisme devait trouver une transition dans ces cadres fortuits. Il doit d'abord épuiser toutes ces ressources de gestes et d'attitudes (qui sait si elles sont grandes ou limitées ?) Si on tient compte des limites de notre position distanciée, comme nous avons échappé au modernisme et au postmodernisme, nous échapperons au post-postmodernisme émergent, car nous nous trouvons dans le «non-style», dans un entre-deux, où nous pouvons encore refuser l'espace idéologique de l'inconnu idéologisé. Notre activité est une libération graduelle de toutes les catégories de valeur idéologique, en faveur d'une valeur absolue, qui les abolit toutes.

Ainsi nous passons notre temps dans l'attente du moment où la nécessité de l'idéologisation de l'inconnu tombera, et où, de soi-même, l'inconnu comme une quelconque réalité sera exigé de nous, neutralisant par là-même notre travail.

Pavel Pepperstein est un artiste du groupe Inspection Med-hermeneutics. Né en 1966, il vit et travaille à Moscou, Russie.

Bernhard Rüdiger

Au commencement était l'action

Je parle pour que vous puissiez vous taire

Arrêtez donc votre adhésion à ce qui est dit

La distance est abyssale

Car l'art n'est pas autobiographique

Ma personne ne suffit pas pour rattraper l'étrangeté qu'il y a ici entre nous

Car on ne peut pas parler de l'art par similitude

Et il ne suffit pas que votre vie soit semblable à la mienne

L'art est vrai comme simple est la parole

Et que cela vous suffise

Excluez-moi de votre regard, parce que c'est de vous que je parle

Il me presse de dire une chose

Elle concerne la manière dont vous regardez l'art

Comment vous permettez-vous de considérer l'art comme fruit de la bourgeoisie ?

La bourgeoisie n'existe plus, il y a juste un vide d'intentions et de motivations

Et chez vous la décoration détonne, car elle ne vous correspond jamais

Et puis, que pensez-vous extirper en vous appropriant des trophées ?

Cannibales !

Quelque chose d'héroïque, un événement, une défaite humaine ?

Comment vous permettez-vous, artistes, collectionneurs et journalistes, de considérer la vie de celui qui est derrière l'œuvre comme une tempête romantique maladroitement jouée au piano ?

La vie de celui qui est derrière l'œuvre est tout simplement derrière, et donc elle n'est pas

C'est vous qui l'inventez !

Et si vous étiez totalement aveuglés ?

L'art ne s'occupe que de produire

Produire comme la vie, comme une action qui meurt

Vous considérez tout à fait sérieusement que l'objet est document

Que l'art est document

Et vous exhibez vos mythes romantiques

Bien entendu, mythes de collégiens

L'artiste qui donne forme à la matière

L'artiste qui se fond dans la société

L'artiste qui s'épuise lui-même

L'artiste qui est la réalité

A l'époque du post-postmoderne l'art n'est même pas romantique, il est la description littéraire du romantique

Et si c'était une carte postale ?

Tout ce que vous dites tourne seulement autour de la personne, du héros, de l'artiste

Avec arrogance vous vous êtes approprié un bien commun : le romantique

Mais vous avez aisément dévié le tir

Artistes, collectionneurs et journalistes : le post-post-moderne est une chansonnette romantique que vous diffusez comme des cartes postales en vacances

Je regarde l'œuvre, est-ce que la vie est dans sa valeur historique, autobiographique ?

Mensonge et lâcheté

Je regarde l'œuvre et je subis en silence. Point !

Le problème est anthropologique et humain

Île occidentale

Ne rien utiliser me serait impossible et pénible.

Et ce serait insensé, parce que le monde existe.

C'est vrai, l'art est inutile, comme ma vie est inutile.

Mais l'ultime motivation de l'Être en soi n'est pas le problème d'une existence qui serait une partie intégrante et indivisible.

Mon corps à moi ne se tient-il pas vertical dans le monde ?

L'inutilité me colle à la peau.

Je suis dispensé de gagner la hauteur d'une unique

perspective, car inutile signifie utiliser.

Les choses me sont extérieures, dans le monde, le temps seul les ordonne.

L'espace peut être grand ou petit, car c'est seulement dans l'acte d'abandon et de prise de l'espace que réside la nécessité. (Ne suis-je pas alors moi-même le point de départ ?)

Au commencement était l'action – dans le fond tout se manifeste dans cet énoncé.

J'ai des choses plein les poches ! et elles peuvent être jetées par milliers.

Bernhard Rüdiger est un artiste du groupe Spazio di Via Lazzaro Palazzi ; né en 1964, il vit et travaille à Milan, Italie.

Adriano Trovato

Une histoire très probable

La magie de la renaissance fut très brève.

La paix atteinte entre l'art et la nature ne contentait pas l'homme moderne, trop attiré par la grande variété des phénomènes naturels. L'art, comme beaucoup d'autres disciplines, se dirigea alors vers la recherche et depuis chaque œuvre d'art est devenu le fruit de l'effort de faire cohabiter les aspects les plus divers du réel et de les faire fonctionner, de les justifier auprès d'un regard toujours mieux éduqué, et d'arriver à la synthèse à travers l'analyse : ça, c'est le caractère, doux et pathétique à la fois, qui accompagne toute la production artistique moderne.

Dès lors les écoles se sont succédées, se partageant les spécialités, travaillant en équipe, poussant à ses extrêmes l'élaboration des présupposés, jusqu'à l'épuisement du cycle. On commença alors à parler d'un langage interne à l'œuvre d'art. Et l'artiste commença à voir que la perception de la réalité n'était rien qu'une interprétation parmi d'autres.

Bien. À ce point précis, c'est à dire à la fin des années cinquante, une terreur atavique fit irruption dans les esprits, la peur de ne plus être capable de conserver.

Après le choc des avant-gardes, l'art cesse d'être une recherche, il se fait l'expression d'un besoin de contenu, il assiste au retour du spectre de l'iconographie, du symbole. C'est la vieille exigence de la mimesis, le désir de se mirer dans quelque chose... et, puisqu'on en a perdu depuis longtemps le cadre (la figuration), on réhabilite partout image et langage, qu'on fait fusionner. L'art devient un phénomène culturel, ethnique : jamais il n'a été aussi expressif.

Nombreux parmi nous sont nés dans cette atmosphère et cette atmosphère perdure grâce à la masse d'épigones insatisfaits qui nous étouffent encore aujourd'hui ; bien que l'art conceptuel, tautologique (voire le nouveau réalisme français et le pop art américain) semblait avoir tué dans l'œuf ce retour.

Aujourd'hui ceux qui travaillent sérieusement travaillent pour eux-mêmes ; l'art est possible seulement s'il est authentiquement personnel, non médiatisé. L'œuvre d'art aujourd'hui réussit quand elle est témoignage sans être une vision de la réalité et quand elle est vision sans être témoignage de la réalité.

Ainsi l'art aujourd'hui redevient à l'image de la nature, ils sont à nouveau à l'unisson : les deux choses ne se touchent pas et en même temps on ne peut éviter de les voir ensemble.

Aujourd'hui, l'art est une affaire classée. On n'en attend plus aucune surprise. Et cela est juste. Cela est beau. Pasolini disait : « Il est juste que les fautes des pères retombent sur les fils. » Et Adorno, voici vingt ans : « Il va de soi que plus rien de ce qui concerne l'art ne va de soi, ni dans l'art lui-même, ni dans son rapport avec tout le reste ; même son droit à l'existence ne va plus de soi. » Aujourd'hui, au contraire, tout est évident. Parfois même, rutilant. Nous jouons sur du velours, avec les œuvres d'art. Y a-t-il dans nos œuvres une dette importante au passé ? Surtout au passé récent ? Nos productions semblent-elles celles d'une génération qui se réfugie derrière lui ? Tout bon professionnel cherche à imposer sur le marché des produits qui soient acceptés avant même d'avoir plu. Peu importe si pour faire cela souvent on utilise images, techniques, langages du passé récent ou antérieur, on a besoin de ne rien inventer, l'invention est déjà dans chacun de nous. On utilise le passé parce que c'est pratique, on en utilise les apparences pour que l'attention puisse se déplacer ailleurs, comme on faisait pendant la renaissance ; en créant et encourageant la dépendance, nous obligeons le public à remarquer les subtilités. En créant une attitude hypnotique et en la fomentant. Parce que nous avons la présomption de faire de l'art personnel.

Ce qui est le plus convaincant chez l'artiste contemporain est sa propre conviction. Qui ne se confond pas avec la persévérance. Encore moins avec l'attitude. Personne aujourd'hui ne croit plus en la culture, à la culture s'est substituée la contestation. Ce qui divise les gens n'est certes pas la culture. L'art devient une technique pour affirmer sa propre existence. Cernés de mille insécurités, nous travaillons aujourd'hui, croyant faire de l'art, loin des faux sophismes, des sophismes de toute une époque. Nous n'avons pas honte de nos techniques : au contraire. Nous n'avons pas honte non plus de nos images : au contraire. Nous n'avons aucun référent précis et stable. Nous sommes arbitraires et incohérents dans nos choix et nos expressions. Plus je suis incompréhensible, plus je puis être sûr d'être dans le vrai. Le monde est comme nous le voyons. Il est comme nous le représentons. Sans donner aucune valeur à la représentation. L'art est l'exaltation de mon OUI au monde. Nous assistons au triomphe du 17e siècle, il progresse. Nous faisons de la publicité. Tout est un grand artifice. Nous avons tous retiré de l'apprentissage de l'art le plaisir et non le savoir-faire. La manie. Pour être plebiscités, nous nous rabaissons, et nous pensons être malins. Ce qui ne nous convainc pas dans l'artifice triomphant est sa tendance au rabais. Le peuple est souverain. On se coupe donc les cheveux en quatre pour lui. Pourtant l'artiste capable ne renonce pas au désir de séduire. Même lorsque ses moyens paraissent dépassés depuis belle lurette. Et Dieu sait s'ils sont dérisoires. Peut- être aujourd'hui séduit-il pour ne pas se faire voir. Il y a quelque chose de faux dans tout cela. De calculé. L'œuvre d'art aujourd'hui est absurde, car il est impossible d'en consommer la jouissance sans en appréhender le savoir-faire. L'art est devenu contre son gré l'espace du vrai. On est en pleine barbarie.

On ne discipline pas l'art par adhésion à une valeur. Et son produit ne prend pas de valeur par l'information. Ni ne veut figurer comme extension d'une valeur. On discipline en matière d'art par la récréation. L'art se fond dans la nature durable des grandes choses. Des couleurs. De la matière dont nous sommes faits. Il en offre des exemples. De hauts exemples non transformables. L'activité humaine est transformation. Désapprentissage progressif. L'art n'est pas une activité. L'art n'éduque pas. L'art est la maison toute illuminée de la personne. Comme les songes lorsqu'on les dit ininterprétables. L'art pendant qu'il s'effectue est intouchable. Incommunicant. Comme la personne. Le spectateur est toujours imparfait. L'œuvre prête toujours le flanc. Des morceaux d'œuvre me viennent tout seuls. Ceci est le caractère inavoué du rapport. Toujours inavoué. Moi, avec mes œuvres, et dans une certaine mesure avec les œuvres des autres, j'affirme mon existence. La pose des briques est tout au plus un fait intéressant. Ce sont les briques qui sont importantes. Tout ce qui est action est involontaire. La présence d'une chose, au contraire, est effet de la volonté. L'œuvre existe car l'artiste veut qu'elle y soit. Il veut que l'œuvre soit là aussi pour le dépasser.

Je suis fatigué que tout en vienne inévitablement à être tenu pour classé. L'art est le produit de qui regarde fixement ce qui est devant lui. Jusqu'à ne plus donner aucune signification. Il n'est pas romantique d'affirmer qu'en art il n'existe ni professionalisme, ni public. L'art se fonde sur l'ignorance. Une personne cultivée peut parfaitement passer sa vie sans jamais effleurer l'art. Ça n'est même pas une question d'intelligence. C'est un circuit imprimé qui affleure petit à petit et devient conditionnant. L'art ne représente pas. Il n'associe pas. Mais ceci est important : il ne vit pas d'une vie propre. Il est simplement présent comme aucune autre chose n'est présente. Il se voit. Et comment ! L'art chante. Et par son chant il rajeunit. Il n'y a aucune idée. L'artiste s'émerveille de tout. Même de ce qui lui est contraire. J'invite le spectateur à s'émerveiller de la matérialisation d'une vision. Je n'exprime pas d'opinion, je ne prends aucune position. Je ne réclame ni opinion, ni position. Je suis incompétent. Je suis toujours moins intéressé par le Faire. Je lui accorde moins d'importance. À partir d'un certain moment j'exécute. Car je sais ce que je dois faire. Je me consume dans l'incertitude de savoir exécuter. Mais je n'accepte plus les suggestions. C'est une question de nerfs. Si j'exécute bien, je décharge mes tensions. Je n'ai plus aucun désir d'apprendre. Il n'existe pas d'occupation plus inconsistante. Pas de plus évasive. De plus incontrôlable et inconséquente. De plus négligeable.

Adriano Trovato est un artiste du groupe Spazio di Via Lazzaro Palazzi ; né en 1960, il vit et travaille à Milan, Italie.

Jeffrey Vallance

Blinky, tendre poulet

Aux milliards de poulets sacrifiés chaque année pour notre consommation

Le 27 avril 1978, je suis allé au rayon viande du supermarché Ralph's voir les poulets congelés sous cellophane. J'en ai pris un beau et l'ai appelé Blinky[1]. Puis je me suis rendu au cimetière pour animaux domestiques de Los Angeles afin d'enterrer Blinky. J'ai commandé le service funéraire complet, comprenant un cercueil bleu-pastel avec son linceul de satin rose, une concession, une cérémonie d'enterrement, un vase de fleurs, une chambre mortuaire et une pierre tombale. Le temps qu'elle parvienne à la chambre mortuaire, Blinky avait commencé à se décongeler, on la disposa donc sur une serviette en papier pour que l'humidité ne suinte pas sur le satin. On plaça un oreiller à l'endroit où aurait dû être sa tête. Un éclairage subtil illumina Blinky, et des gouttes d'humidité scintillèrent dans la lumière.

À l'emplacement de la tombe, de l'herbe artificielle avait été déroulée sur la boue, et on plaça le cercueil et le vase de fleurs sur cette surface. Lorsqu'on sortit la bière, je fus surpris de constater que mon nom était écrit sur le couvercle, au lieu de «Blinky» ; j'eus l'impression tout à coup d'assister à mes propres funérailles. Le cercueil fut descendu dans la tombe, enterré dans le calme du cimetière, et on disposa la pierre de granit. L'entrepreneur de pompes funèbres n'eut qu'une question à me poser, au cimetière : « De quoi est mort votre animal ? » Je répondis franchement : « Je ne sais pas exactement. Simplement, un jour il est mort. » Cependant cette question s'implanta en moi, pour ne porter ses fruits que récemment.

En 1988, à l'occasion du dixième anniversaire de l'inhumation de Blinky, je collaborai avec les vidéastes Bruce et Norman Yonemoto afin de réaliser un film. Le projet était d'exhumer les restes de Blinky et de se servir des moyens légaux, médicaux et scientifiques pour déterminer les causes de sa mort. On autopsia Blinky, et on passa ses os au scanner. Les signes de la mort (cimetière, exhumation, tombe, corruption du corps, odeur putride) étaient si forts que je ne pouvais plus dorénavant penser à cette scène comme à la mort d'un simple poulet, mais bien comme à la froide réalité de toute mort.

Esprit d'oiseau

Après avoir joué ce drame absurde, j'ai découvert que l'histoire de Blinky suivait un schéma classique du folklore, de la mythologie et de la psychanalyse. L'oiseau, parce qu'il s'échappe dans les airs, est symboliquement lié à l'esprit. Dans l'iconographie chrétienne, le Saint-Esprit est représenté par une colombe, et les anges sont ailés. Un autre exemple, sur l'île-royaume de Tonga, l'esprit de la mort est représenté par une chauve-souris albinos.

Blinky a été enterrée puis, après dix ans, exhumée, lavée et ré-enterrée. Or lors de l'exhumation un problème imprévisible se posa : la nappe phréatique était extrêmement haute, et, après avoir creusé seulement quelques pieds, on atteignit l'eau ; Blinky avait été inhumée dans une tombe liquide. Au lieu d'une carcasse sèche, on trouva un cercueil rempli de boue jusqu'au couvercle. On dut laver les os et les passer au tamis.

Ce procédé m'apparaît aujourd'hui comme une reconstitution d'autres pratiques, propres à des cultures bien différentes de la mienne. À Madagascar, le rituel de la seconde inhumation est au cœur de la vie religieuse. Quand un Malgache meurt, on l'enterre une première fois, puis, après une certaine période, quand on juge que la dissolution de la chair et des os est complète, le défunt est exhumé. Les restes sont nettoyés et enveloppés dans un nouveau suaire (*Lamba mena)* puis ré-ensevelis pour achever le processus d'inhumation. On appelle ce rituel «le retournement du mort» (*Famadihana*). Le but ultime est d'obtenir des os secs et propres, lesquels seront ré-enterrés. La chair humide polluante est séparée des os sacrés et secs. La chair est un principe féminin, les os masculin. La croyance veut qu'un serpent (*Fannina*) naisse des liquides de la putréfaction. Pendant la célébration du *Famadihana*, on porte les restes mortuaires, on les promène, on leur parle et même on danse avec. Dans les cimetières malgaches, des cénotaphes ou des monolithes sont érigés, qui sont considérés comme des pierres masculines (*vatolahy*). La croyance veut aussi que les morts n'ayant subi qu'une seule inhumation sont transformés en chauve-souris.

Le tempérament de la volaille

Depuis la domestication des volatiles, l'homme a étudié de près leur caractère et a lié à sa propre nature de nombreux attributs de basse-cour. De la vigilance du coq viennent des expressions telles que *coq du village*, *coq de paroisse*, *fier comme un coq*, *faire front comme un petit coq*, *être un vrai coq*. On aime croire que, lorsqu'il chante, le coq dit son propre nom : *cocorico*. Par ailleurs, de la timidité de la poule viennent des expressions telles que *poule mouillée*, *avoir la chair de poule*, *être comme une poule qui n'a pondu qu'un œuf*. En Afrique orientale, les Wagogo pensent que manger le cœur d'une poule rend timide. Dans une veine plus profane, le terme argotique «poule» s'applique à une femme de petite vertu. Dans les années soixante, l'artiste *dragster* Big Daddy Roth a inventé un personnage nommé Chicken Shift, un curieux bonhomme ithyphallique, avec des mouches bourdonnant autour de sa tête, et dont les mains se cramponnent au levier de vitesse d'un dragster. Le poulet est aussi un objet de ridicule et de parodie. «Poulet», pour les Américains, signifie imbécile. Le poulet en caoutchouc des boutiques de farces et attrapes est censé accroître le pouvoir des crédules... Dans le même ordre d'idée, «crâne d'œuf» est un raccourci de la forme ovoïde de l'œuf et de la grosse tête du petit génie.

La sexualité de la basse-cour

De nombreux qualificatifs féminins et masculins sont dérivés de la sexualité de la volaille. L'œuf demeure le symbole féminin de la fertilité, de la conception, de la naissance, du renouveau, de l'immortalité et de la vie dans l'au-delà. La célébration du printemps, renouveau cyclique, n'est-elle pas annoncée par des œufs de Pâques aux couleurs flamboyantes. On retrouve aussi dans les tombes égyptiennes le hiéroglyphe de l'œuf au-dessus d'une momie comme symbole de la vie dans l'au-delà. Bien sûr la maternité est représentée par la mère-poule couvant ses œufs, puis couvrant ses poussins de ses ailes. Les petits poussins sont symbole du printemps. Le terme «poulette» évoque une jolie fille. Et, aux États-unis, on parle d'un jeune garçon ou d'une jeune fille avec qui on a eu une aventure sexuelle comme d'un «morceau de poulet». À La Grange, Texas, une célèbre maison close était appelée Chicken Ranch. Sur son enseigne : un coq embrassant une poule. Un homme d'âge mur qui regarde de près les jeunes garçons est mentionné dans certains milieux sous le nom de «chicken hawk» (faucon de basse-cour).

Le coq est une représentation évidente de la virilité, en anglais, le mot «cock» est devenu un synonyme de pénis à cause de la ressemblance entre les caroncules du coq et la région du scrotum chez l'homme. Un autre mot d'argot pour désigner l'organe masculin : «pecker» (goupillon ; qui donne des coups de bec). Dans les collections du Vatican, il y a un célèbre buste en bronze avec une tête de coq sur laquelle ont été placés des organes génitaux masculins; sur le socle, une inscription en grec dit : «Le sauveur du monde». Dans le temple héllenistique de Dyonisos à Delos, on peut voir un monument en forme de phallus, sur la façade duquel est sculpté un oiseau-phallus, un coq avec un pénis à la place de la tête. Aujourd'hui, dans les sex shops, on peut acheter un «tickler» (stimulateur), préservatif avec une tête de coq au bout, dont le bec et la crête servent de réservoir. Notons aussi que le terme «cocktail» est composé des mots argotiques désignant respectivement les sexes de l'homme et de la femme. Ce qui tend à prouver que la consommation d'alcool est bien un substitut du coït. À l'origine, le «cock-pit» était un ring pour les combats de coqs, c'est devenu, sur les vaisseaux, l'espace en contrebas, situé à la poupe, où les navigateurs barrent ; dans les avions, c'est l'espace de pilotage. Les bars à cocktail près des aéroports sont souvent nommés *Le cockpit*. Un autre usage anglais du mot «cock» est de désigner la position dressée, par exemple lorsqu'on arme un pistolet.

La crête, protubérance de chair sur la tête du coq, a toujours fasciné. On l'associe aux tendances rebelles de l'animal ; n'est-ce pas son imitation que l'on retrouve sur les coiffures Mohawk ou sur les casques militaires ? Quasiment toutes les cultures en montrent l'exemple : les Romains, les Hawaïens, les Indiens d'Amérique, les Chinois, Mr. T et les rockers punks. Cette crête ressemble autant à une couronne royale qu'à une bête casquette. En anglais, le chapeau rouge et le vêtement cranté des bouffons sont appelés «coxcomb» (crête) ; cet usage est resté, puisqu'on appelle ainsi un plaisantin. Les colons américains portaient un tricorne appelé «cocked hat» (coqueluche). L'usage a glissé vers le mot «cockade» (cocarde), nœud ou ruban de chapeau.

Folklore

Selon certaines traditions folkloriques, si on donne un œuf à couver à un crapaud ou à un serpent, une créature en sort qu'on désigne sous le nom de «cockatrice» (basilic), qui a la tête, le corps et les pieds d'un coq, les ailes d'une chauve-souris, la langue et la queue d'un serpent. Telle la Méduse, le basilic peut pétrifier par son regard ; il ne peut être chassé et tué qu'à l'aide d'un miroir. Dans la bible, il est mentionné cinq fois. Ce «cockatrice», ou basilic, est le symbole héraldique de Bâle. Les anciens Hébreux, puis les chrétiens gnostiques représentèrent Yahweh par l'image d'un homme à la tête de coq, des serpents jumeaux en guise de jambes. Chez les gitans de Transsylvanie, quand une femme accouche d'un garçon, on la fait marcher au milieu des morceaux épars d'un coq sacrifié, quand elle accouche d'une fille, on choisit une poule. À la suite de cette cérémonie, les hommes mangent le coq, ou les femmes la poule. Cette pratique est sensée chasser les esprits impurs autour de la femme. À Samoa, les rois sont sensés être des descendants du clan «moa» (poulet). L'île elle-même est nommée «basse-cour sacrée» — «sa» pour sacré et «moa» pour poulets. Dans la mythologie Fiji, le chef de toute la basse-cour Toatoatavaya-O (cocorico), alors qu'il cherchait des vers juteux sur le récif, posa par inadvertance son pied dans la coquille d'un crustacé géant. Le coquillage se referma sur le pied, et à la marée haute il fut noyé. Et on croit encore aujourd'hui que c'est pour cette raison que les coqs chantent et que les poules caquètent quand la marée monte.

En occident, le coq personnalise le maïs. Ainsi en Allemagne, quand on coupe le dernier épi dans un champ, les moissonneurs enterrent jusqu'au cou un coq vivant dans le sol et lui fauchent la tête. Le coq est identifié au pouvoir fertilisant, le tuer assure la venue d'une vie nouvelle au printemps. On trouve en Amérique ce symbole du coq comme personnification du maïs dans le logo des boîtes de Kellog's Corn Flakes, où il chante au-dessus d'un bol de flocons. Dans les régions rurales d'Europe, celui qui réussit à ramasser le dernier épi de maïs pendant la moisson est appelé le coq, et, pendant qu'on lui jette du grain, il doit chanter comme un coq. La bière servie pendant ces festivités est dite «bière du coq». Chez les peuples ruraux d'Asie, si un bûcheron craint que l'arbre qu'il a abattu soit possédé par un esprit, il doit trancher la tête d'un poulet vivant sur le tronc, parallèlement à l'axe suivant lequel il a coupé cet arbre.

On sépare la tête du corps afin de libérer l'esprit, ce procédé est encore pratiqué aujourd'hui dans les supermarchés modernes. Les consommateurs ne veulent pas associer la viande qu'ils achètent à l'animal mort...

Histoire d'un sacrifice

L'histoire du sacrifice du Christ (l'agneau de Dieu) et de Blinky (le tendre poulet) contiennent des symboles similaires. L'agneau et le poulet sont tous deux des animaux domestiques élevés comme nourritures et pour des sacrifices rituels. Le Christ est fils de Dieu ; le coq est un signe solaire. Le Christ fut sacrifié pour la rémission des péchés du monde ; Blinky fut sacrifiée pour notre consommation. Le coq de Saint Pierre a crié à l'aube de la résurrection. Le Christ se compare lui-même à un poulet quand il dit à propos de Jérusalem dans Mat.XXIII, 37 : «Jérusalem, Jérusalem (...) que de fois j'ai voulu rassembler tes enfants à la manière dont une poule rassemble ses poussins sous ses ailes...» Christ fut cloué sur la croix ; Blinky fut étalée sur un rayon de supermarché. Le corps et le sang du Christ sont pris lors de l'Eucharistie ; la chair du poulet est mangée au souper. La tête du Christ est apparue miraculeusement sur le voile de Véronique ; Blinky fut décapitée. Le corps du Christ fut placé dans un tombeau ; celui de Blinky dans un cercueil. L'image du Christ est apparue sur le suaire de Turin ; l'image de Blinky est apparue sur le suaire de Blinky[2]. Le Christ est descendu en enfer ; Blinky est revenue sur le marché. Le Christ est ressuscité ; Blinky fut exhumée.

À la fin de la bande vidéo, la tête de Blinky est rattachée au corps, et son esprit s'élève de la tombe, comme la triomphante ascension du Christ. Mais avant, elle doit revenir au lieu de son origine, le supermarché. Blinky est un produit, et, alors que sa vie défilait devant ses yeux, la même chose arrivait à une masse d'autres produits de consommation. Finalement, elle a pu transcender le marché et entrer au ciel où elle est à nouveau entière. R. I. P.

1. Le nom de Blinky (clignant) se réfère au regard particulier du poulet. Les poulets n'ont pas de vision binoculaire, aussi doivent-ils tourner sans cesse la tête en clignant pour voir un objet sur le sol.

2. Le suaire de Blinky : après l'achat de Blinky en supermarché, je l'ai placée sur un morceau de papier pour la photographier. Une fois retirée du papier, il restait une parfaite empreinte sanglante de Blinky. Ainsi fut fait le suaire de Blinky, image en négatif, à l'image du suaire de Turin.

Jeffrey Vallance est né en 1955, il vit et travaille à Canoga Park, Californie.

Maria Wutz

Pro-créatique

PRO-CRÉER v. tr. (v. 1992 ; de *créer* «bricoler» et de *pro* «spécialiste»). *Il y a peu de temps pouvait-on sans doute encore parler des* créateurs *sans sourire. Aujourd'hui qu'il est devenu si urgent de* créer *des emplois, quitte à produire des armes, et depuis que les* créatifs *se sont emparés de la communication d'entreprise en exposant sans vergogne le cynisme des institutions sans que la démagogie ne déclenche plus le moindre éclat de rire, il serait tout à fait malvenu de parler de* création. *On emploiera donc ici, et avec pour seule excuse le titre de la présente publication, le terme de* pro-création *pour désigner l'activité sociale spécifique des professionnels de l'art.*

Le processus de maximisation de la contrainte

Plusieurs auteurs (Reitman, 1964 ; Rouquette, 1973, 1979 ; Ménard, 1991) ont essayé de distinguer des catégories formelles à l'intérieur de la classe très vaste des tâches mal définies. Ces travaux ont permis de mettre en évidence la notion de *contrainte*. On constate en particulier que le comportement pro-créatif des individus qui résolvent un problème dépend de la contrainte de ce dernier.

Une autre idée importante apparue dans la recherche contemporaine est qu'il faut considérer le couple (Problème, Système de résolution) et renoncer sans doute à caractériser les types de problèmes de façon indépendante.

On recourra d'abord à la notion de *contrainte*. Celle-ci renvoie à deux propriétés évolutives du couple (Problème, Système de résolution) :

- d'une part, le nombre et/ou la nature des exigences auxquelles la solution visée doit satisfaire ;
- d'autre part, le degré de spécification du matériel traité, c'est-à-dire sa spécialisation relative dans une base de connaissances attachée au système.

Le processus a pour résultat d'augmenter l'une et/ou l'autre de ces deux propriétés. D'une façon générale, on dira alors que le processus de pro-création est un processus de maximisation locale de la contrainte.

Plus précisément, les fonctions principales de ce processus, compte non tenu de leurs interactions et rétroactions, sont les suivantes :

a) Analyse et identification des contraintes initiales concernant le matériel et le but.

b) Augmentation locale de la contrainte par :

- application d'opérateurs (notamment les opérateurs esthétiques) aux contraintes initiales ;

- enrichissement des données initiales :

. soit par exploitation de la base de connaissances propre au système, à l'aide d'associations, analogies, routines ;

. soit, éventuellement, par génération de savoirs (observation, simulation ou expérimentation) ;

c) contrôle de la compatibilité et de la validité des contraintes.

Ce qu'on appelle «intuition» n'est peut-être qu'un sous-programme d'optimisation de l'une des fonctions précédentes.

La contrainte maximale coïncide avec la solution proposée. Cette maximisation est *locale* en ce sens qu'elle correspond à la partie exploitée de la base de connaissances en fonction des opérateurs utilisés. Pour d'autres parties de la base et pour d'autres opérateurs, il pourrait y avoir une autre contrainte maximale locale, et ainsi de suite.

La pro-création dans son contexte

Les comportements pro-créatifs dépendent à un niveau primaire des différentes conditions formelles, sémantiques, cognitives : type de tâche, contenu du matériel traité, représentations, normes de production, etc. Ils se caractérisent aussi par la mise en œuvre de mécanismes intellectuels spécifiques comme la métaphore et l'intuition. Ces déterminations sont susceptibles d'être étudiées expérimentalement et de conduire progressivement à une connaissance rigoureuse du phénomène pro-créatif. La constitution de ce dernier ne s'épuise pas toutefois dans l'action complexe de ces déterminations primaires. Toute innovation s'inscrit en outre nécessairement dans une trame sociale et historique qui lui confère sa signification véritable. En ce sens, la pro-création n'est jamais un événement ponctuel, autonome et radical : elle se manifeste toujours par un effet de contexte.

La notion de paradigme

Une étude de la pro-créativité débouche donc nécessairement sur l'histoire de l'art. La découverte et l'invention sont alors saisies non comme des productions contingentes de l'individu, mais comme les transitions évolutives d'une structure globale complexe. Il ne s'agit pas bien entendu d'affirmer ainsi quelque nécessité théologique de l'innovation, mais de comprendre son apparition dans un réseau de déterminations logiques, sociologiques et historiques qui tout à la fois autorise et enchâsse les niveaux primaires déjà décrits.

L'aspect essentiel qui intéresse une méthode générale de la pro-créativité est en effet celui de la genèse, du développement et des conséquences des opérations réussies. Pierre Ménard a proposé une conception du mouvement de l'art qui privilégie les moments de crise ou «révolutions».

Dans cette conception, l'art apparaît comme une succession alternée d'états «normaux» et d'états «critiques» qui s'engendrent mutuellement. Un état de l'art «normal» se constitue postérieurement à une ou plusieurs opérations fondamentales que le groupe artistique considère comme établies et susceptibles d'inspirer de nouveaux travaux. Les considérations de Pierre Ménard sur un «art normal» amènent à définir la notion de paradigme : il s'agit d'un ensemble plus ou moins vaste de modèles, d'œuvres et d'argumentaires qui organisent la recherche à une période donnée, c'est-à-dire d'abord déterminent les questions possibles et les types de moyens à mettre en œuvre pour y répondre. Sans les références que procure un paradigme sous la forme d'accumulation de données et de mise au point d'instruments méthodologiques et conceptuels, la pro-créativité ne peut pas se manifester.

Mais par un apparent paradoxe, le mouvement de l'art est tel qu'il en vient nécessairement à mettre en cause le paradigme qui l'a autorisé et soutenu : la quête de la nouveauté finit par révéler des phénomènes dont ne peuvent rendre compte les modèles admis ou des contradictions internes à ces modèles. Dès lors s'installe pour un temps plus ou moins long une situation de crise qui ne peut se résoudre que par la constitution d'un nouveau paradigme. Celui-ci s'instaure de façon progressive après avoir rencontré, de la part des pro-créatifs contemporains, une plus ou moins grande résistance au changement. Les principales raisons qui déterminent son adoption sont de deux types : d'une part le nouveau paradigme se montre plus puissant que l'ancien dans la mesure où il permet de vendre une nouvelle gamme d'objets jusque-là incompréhensibles ; d'autre part il s'impose avec le groupe de pro-créatifs qui l'emploie comme moyen d'occuper le terrain de l'actualité et d'affirmer son pouvoir en repoussant dans le champ de l'histoire la génération précédente.

Dare-dare

Pour en finir précipitamment, on dira que pro-créer en période de crise consiste à oublier ses pères et à faire oublier ses pairs. (Mais que faire en temps normal ?)

Maria Wutz a publié un *Supplément au Cours préparatoire d'esthétique* (Institut Goethe, Stuttgart, 1989). Il est aussi un exégète de la collection Yoon Ja & Paul Devautour, opérateurs en art installés à Nice, France.

English version

Introduction

This book gathers essays written by contemporary artists, originating with a play on words.

At first *Pro-creation* intended to define a position : to evaluate the why of current artistic creation according to criteria usually restricted to the problem of procreation. The link between creation and procreation is not a new debate, it is however an extremely contemporary question at a time when "market inflation" seems for many the only possible estimation of the artist's existence.

So : Why produce ? Can the work still have a social function ? Will it find happiness in the historical context ? Does the artist-producer have a responsibility in all this ?

We chose to publish essays which reveal an acute interrogation of the ethical and historical conditions of emerging art, although their sometimes very theoretical character can seem difficult. This choice, necessarily subjective, has proven justified when, in these texts of various horizons, we noticed certain troublesome cross-references, some leitmotivs confirming common pre-occupations : the gravity of the artistic gesture, the supposed uselessness of art necessitating strategies in order to attract attention, the need to resort to metaphor and to significant action, the free positioning in the ranks of cultural and ideological references, the unreasonable perseverance of the creative act...

These texts demonstrate, if necessary, that the reflection of artists concerning aesthetics is running its course and that it would be sad to let it pass us by.

Marion Laval-Jeantet and Benoît Mangin

Hubert Alfonsi

Parthenogenesis

I am a member of the category of individuals for whom the simple fact of having to choose constitutes a true mental torture. In other words, I am a member of a species which permanently mobilizes its energy in an attempt to escape any vague impulse of creation. This is indeed an important paradox, and gives me vertigo every time I try to sum up the great number of inevitable choices which prevailed throughout the elaboration of my *endless cord*. Since I am by nature contemplative and invariably nostalgic about the world preceding my fall into matter, things generally are too much for me, even when nothing happens. Then what can I say when I consider an event of which I am the origin ?! Sterility is at the very core of all my desires, and yet an unbelievable perversion galvanizes my cells into an impure surge which produces objects increasingly insipid and polluting and which dishonours me for ever.

But since living is tantamount to the impossibility to abstain, it is only through a disavowal of myself, in a strategy of phagocytosis of the subject by the object, that I will attempt to regain the sweet ataraxy of the time before my birth.

For me, to achieve a work is to make myself the subject of my own insignificance – an insignificance comparable and equal to that of the most banal commodity. It is to make myself the subject of my own devitalization, of my own renunciation to produce an offspring or an heroic artistic demiurgy. Since my voluntary sterilization, my artistic practice is devoted to an inevitable and paradoxical dialogue between the notions of creation and sterility. It asserts itself as an experience which is exemplary, not because of a conformity with a formal archetype (painting or sculpture), but because of a personal equation which merges with a declared refusal of biological paternity and of all glorification of matter.

Rigorously limiting the plastic field of experimentation to this single ethical position, all my works therefore assume the mark of a gesture of refusal and rupture, which I claim as an iconoclasm : my vasectomy (a very simple operation which resides in cutting the deferent duct which drives spermatozoa in the scrotum's area). This cutting, followed by the ligature of the guilty duct, is metaphorized in my "visiting card-hosts" by a regularly interrupted cord. This interruption is repeated in the presentation of the *endless cord* (*segment* x *to* y), as this long chain of objects, whose vocation is to infinitely unroll through art spaces, is also regularly interrupted by the necessarily castrating mechanism of its exposition (since opposite walls of the exhibit space function as a guillotine).

I would like to demonstrate how the device of museographic enclosure, without which there exists no possible artistic legitimation, paradoxically represents at the same time a temporarily attractive and castrating power of artistic vitality. Therefore I chose a strategic option of presentation, in which my libidinal goods are used as measuring units to numerically define the role that each exhibit space imposes on the vanity of my desire of artistic erection.

Both an actual work and an artistic strategy, *the endless cord* permits me to joyously simulate the scenario, today considered derisory, of the Don Juan-like artist : accumulating conquests, that is, exhibit spaces, fulfilling my desire to travel in a potentially permanent and ubiquitous coitus. As a strategy, *the endless cord* parodies the implicit comportmental mode of contemporary artists : crossing art spaces, without lingering, penetrating them superficially, collecting them as any professionally cautious seducer, in other words adding to one's list of conquests. Thus, since its first manifestation, my enactment of fiction uses authority as a unit of measure for its exhibition space. Each segment emphasizes a number, that of the "absorbing power" of the space, which also serves as the "vanity coefficient" of the true-false megalomaniac that I am. This number will later be used as a basic reference for the numeration of the following exhibition.

From galeries to art spaces and from art spaces to museums, I will be able, as time goes by, to effectuate the layout of a both geographic, artistic, touristic and museographic journey, and to present the work as it truly is : a long proliferating and polluting metastatic chain, an itinerary-sculpture, regularly interrupted by the sporadically castrating mechanism of its "monstration".

My aim : an acceptable, if not perfect, synchronization of the denaturalized, devitalized man I represent, and his objectal commodity-form. This synchronization is reached by the reduction of these two components to elementary signs. Each piece can be read as a cancerous metastasis of its basic formula, as a clone of a standard *signifié* which itself cannot be found.

My sexual hosts specifically express a dwindling of the Being to the benefit of the object, a shift from seduction to fascination. Allergic to the solemnity of meaning, they become free of all gravity and pathos. For me, everything seems to prove that the position of the Subject has become untenable. In this context, the blowing technique used in the realization of my ultra-light utopic commodities was the best opportunity to dissolve the heavy structures of Being, and to neutralize emotions and eradicate pulsions.

One is happily no longer able to assume oneself as a Subject of knowledge, power or art. The entire destiny of the Subject has fallen into a fatal and banal commodity-form. Speaking of matter, this ultra-light commodity-form is the most elaborate way I could answer the questions : how to be free from oneself ? How to surpass the harmful inclination for expression ? Having arrived at the conclusion that all gesture is already superfluous and that all gesticulators are impostors, I try to discipline my ego in a program which requires little effort, few constraints and variations... However the notion of diffusion is important here. The attitude which consists in multiplying my defertilized and aseptized sexual attributes in the form of host-like objects paradoxically translates a will for the eucharistic, clinical and fragmentary distribution of my body. This distribution would no longer pass through the contempt for sexual reproduction, but through an increase of the formal and fetish-like abstraction of the commodity itself. It is a singular means to multiply myself through scissiparity, which first circumvents the law of sexual differences and secondly that of utilitarian industrial production. From a certain threshold of technical evolution, and insofar as primary needs are fulfilled, we need a fantasmatic, allegorical and playful comestibility of an object rather than the actual function of said object.

My attitude of half-hearted increase, based on the proliferation of enactments of fiction, disarms and sends back to the ring every iconoclastic intention which pretends to reign (for example the idealism of the "conceptuals" who dreamt of kidnapping the work of art as a material object). It treats in the same way every fetishistic practice which nostalgically clings to the obsolete glamour of the unique and rare work.

The artist is increasingly condemned to copy himself and to fully assume the inevitably serial character of creation. It is the paradoxical condition of our current situation : that of a subjectivity fascinated by the positivity of a highly technical world which radically denies it. In this there is something approaching a destiny of art. That which was once representation, a duplication of the world in space, has become repetition, indefinite duplication of gesture, and later of the object. A gesture first assuming a dishevelled expression (different abstractions and dripping), and later a gesture entirely programmed in space and time (On Kawara, Toroni, Opalka...). And lastly, in an even more radical way, the duplication of the same sign of painting into time. This sign evacuating all trace of gestuality (the pre-printed stripes of Buren). With Buren, it is the final thrust in the field of painting in operative subjectivity. The other side of the refusal of this subjectivity is initiated by the minimalist trend with its *specific objects*. At the level of ideas, the common intuition of the above artists and currents would have been to understand that operative subjectivity, despite the sublime instantaneousness that it (sincerely) proclaims, can only obey the same formal organizational restrictions and the same serial system as the functional world.

Following Buren, the minimalists (and many others) I am opposed to all form of operative subjectivity. However I cannot believe in purely tactical works which omit the expressive stasis. Therefore, I prefer to speak of my libidinal enactments in terms of an instrumental, cryogenized and fossilized subjectivity.

Off course my host-gadgets are not simple symbolic surrogates for procreation. More generously, they are intended to be deciphered as a variant of the gnostic fantasy which consists in breaking the chain of existence. Heir to the catharian or bogomile belief systems, according to which the only true malediction is to be born, the offspring that I distribute do not belong to the category of the living, they are however metaphorized, fossilized, disincarnate pieces of meat, with no affectivity. They will never know the torments of physical decay. In my desire to protect myself from the atavism of sexual reproduction, which I feel as an unbearable malediction, these offspring constitute an exorcism of Fatality, an insubordination to naturalistic ideology and religious dogma, and finally a recycling of my Self in the form of synthetic and non-biodegradable units of measure.

More commodities than commodities themselves, in the sense that all practical value has been intentionally erased in favor of an increased exchange value, they are the joyful manifestation of a theoretical increase and not the unhappy, ironic, ecological, skeptical or critical consciousness of alienated goods (Bickerton, Koons or Steinbach). In that sense, my process is the opposite of the ready-made in all its current forms (arrangements, increases, reductions, *shopping as art*, neo-geos or American simulationnists). I refuse the ready-made for its explicit and univocal value of saturated sign. I am much more fascinated by the arbitrary, the witticism, the equivocal and the immorality in empty signs.

The significance of my luxury gadget resides in its lack of a stable, consumable, easily spotted value. In other words, it has no definable status but only a functionality as SIGN. The order of NATURE is present everywhere, in its bowdlerized version of sign, a constantly mastered, sophisticated and abstract nature. A nature saved from time, from the fear and fatality of its own decay. Continually changing into artifice and culture by virtue of the SIGN, it is a systemized nature.

My proliferating commodities reveal, in a parodic mode, that today's artist cannot escape the excess, immoderation, immorality and monstruosity of the technical means implemented to realize his deliriums. Living creation as the ultimate surpassing, I test only my capacity to intervene. The imposing number of these super-gadgets simply demonstrates that all forms of activity, to be noticeable, have to tend towards monumentality and advertisement. Today all human practices seem to be absorbed by this mode of expression which is not only publicity-like but also plebiscite-like. It is a rhetorical form, superficially simple and vaguely seductive, absolutely devoid of meaning, increasingly neutral and destructive to a maximum of intensities. In other words : betting on the ever increasing exchange value, on the ever diminishing practical value... My commodities have no (economic) practical value. Their fundamental immorality resides in just that : in the contemplation of and fascination with the process which permitted their realization, in the profusion of the exaggeratedly important technical and financial means implemented, regarding their futility and their lack of functionality.

To die is banal, but it is the fate of each and everyone of us. Knowing how to disappear is even more difficult. In any case the artist gains nothing by dying if he has not previously been able to disappear, that is to say to erase himself as a Subject and to scatter his egos in the demultiplied appearances of his work. That which was formerly an anticipation on the part of the artist of his own death, a beyond of his own end in the heart of life itself has become, with the wickening of our relationship to the Being, the common condition. Today we could speak of an exploded, de-substantialized individual, of a "fractal subject" who, instead of transcending himself, concentratedly and homogeneously, into a finality or a set which surpasses him, diffracts himself into a multitude of miniaturized egos. Each of these being similar to the others, increasing in an embryonal form, as in a biological culture, saturating their environment by infinite scissiparity.

The endless cord is obscene and pornographic. The neutrality of white gives the ensemble of aligned elements a dimension of platitude, banality and general desexualization, which in return eroticizes as a quasi pornographic fetish the slightest detail. This celebration of the fragmentary and the macroscopic, this insistence on the close-up, on the repetition and stuttering of the work, are the very characteristics of pornography. Our view point has become entirely cinematographic. The panoramic view of the cinema screen is to renaissance painting what the pornographic close-up is to mannerist painting of the 17th century. The poetics of my work seems to me an analogy to mannerism. But, instead of taking painting as an experimental field (the rule system of representation was still current in the 17th century), the enactment of fiction becomes the significant vector.

The more that the physical individual orients himself towards a weak definition, and desubstantializes, or aspires to dematerialize, the more the object and the image (of himself) evolve towards high fidelity. High fidelity and pornography are synonymous.

My work is optimistic, because it anticipates the inevitability of its own development, the immorality of its imperialism, and the evidence of its vitality. Its justification as a plastic work seems to merge with the metric evaluation of its progress and expansive structure. A paradox between an exuberant positiveness and a less juvenile and less inane inventory taking (since the ontological presupposition which prevailed during the elaboration of the *endless cord* is the fundamental poverty of the Being). A Being who is missing something essential : an inexhaustible interior wealth, which precisely would permit him to be forever renewed.

My dream downwardly "intra-evolves", beneath all representation, towards my ideal personal equation, towards my smallest molecular fraction, towards my lowest sexual definition. Metastatic Narcissus who reveals the new place occupied by man in a "technologicized" society : that of instrumental model.

There is no doubt that my voluntary sterilization openly appears as a sublimated suicide, symbolically anticipating my real death. To make a work is to make of myself the subject of my own disappearance a desiring subject, it is to die as a subject to be born again as an object which carries all the information relative to this metamorphosis. Once this process is achieved, any vague impulse of a formal renewal would be incoherent : to be renewed by the intervention of a new production would mean the desire to reconquest the anterior status of the desiring Subject and therefore a renoncement of the everso comfortable status of object (of the others' desire).

I do not want too many artistic realizations. Enough only so that I will be left in peace with these realizations, so that I may, in hanging about, revel in the indifference to Realization itself. Art is perhaps for me nothing more than an unpardonable survival reflex : to emerge from time to time from my retreat and to show to the eyes of the living just the necessary amount of delirium to still appear as their contemporary.

Hubert Alfonsi chose to have a vasectomy in October 1982. He survives in Ajaccio, France.

ART ORIENTÉ objet

Ready-thought

Art still struggles between its mythical duty and its inescapable reality. It is a struggle which seemed to vanish with the concept of "open work". The artist produced a kind of reality in which the viewer founded his mythical desires...

We believe that art today is constrained by this conception which denies its programmatic and narrative capacities. The "open work" has become an empty shell, conceived so that the viewer has to fill in the blanks, surrounding an intellectual or plastic formula. The "open work" today seems to us unbearably vague. It is diametrically opposed to the classical process of iconology, and has probably contributed to the current disavowal of contemporary art.

All too frequently, it was thought that the myth would arise naturally from the application of any formula, of any "linguistic" procedure to various aspects of reality... It seems on the contrary that only an increased opacity, a totally hermetic and disembodied vision, or even the decay of reality, result from these intellectual games. The complexity of the process does not create the myth. The myth arises from the evidence of the work's content in the viewer's eye, an evidence closely bound to its quality as an incarnation. In these conditions, the conceptual game is inadequate in relation to reality. Instead of taking it as a source of reflection to be applied to the world, we insist upon treating it as an object of a reality to be reconstituted, to be incarnated. This principle, relatively overshadowed in most reflection on contemporary art, is closely akin to the founding principle of object oriented language. This explains the choice of our name.

Infiltrating the "open work's" vase, insignificant academism has brought with its era a procession of non narrative and non individualized formal enactments, of "weak signs", leading inescapably to a reaction of general indifference. The "open work" stays at the level of contemporary language, this overexploited iconographical stage, which touches upon the effect of form as framework. Only the iconological program may possibly give back a meaning to the form, by setting behind this language a subjectivity, a criticism which could even lead to the perversion of this very language. The artist's "hallmark" is no longer a formal homogeneity, but a singular eye generating a long-term achievement. Within today's relative indifference, to confront this iconological and mythical dimension and to go beyond the stage of formal significance towards a vaster program which infers a subjective world vision, is to impose art as the "subjector". To impose to a *closed work*, in which the trick invites, in which the content insinuates and invalidates the trick itself... to force, even by using all the psychoanalytical tricks available : *the experience of the incarnate real only compels recognition for us through the implementation of a manipulating art leading to a psychic balance of power.* This conception of the work as "subjector" poses several problems *vis-a-vis* the history of art. Being no longer a matter of making only a stylistic synthesis in a horizontal mirror, the question is now to believe in the operative meaning of the work. This forces one to "calculate" a maximum of parameters, to dominate as completely as possible the forces of the work, the plastic details which lead towards the desired interpretation... No matter if this work is proclamative and overly sophisticated in its elaboration, since it obeys essentially non conceptual, intuitive and affective, indeed "inspired", parameters.

For us the ideal work should be the one in which the iconological and critical dimension would be equally divided into

- *the device* : obligatory passage through the artist's embodiment (a ready-made may present an aspect of reality, but in no way can it attest by its simple presence the reality of this embodiment) ;
- *the placement vis-a-vis the world* : the evolution of the language of images follows social contexts through the artist's subjectivity, the widening of the connotative power therefore passes through an art addressing its era ;
- *the lived* : inexhaustible wealth, obligatory in order that, by creating tricks, one avoids falling into the trap ;
- and *the theatrality, the spectacular* : essential to its state of form as "subjector".

These numerous factors would ensure the "forced and forearmed interpretation" of the work, far from any individual complacency. Lastly, the work would retain the greatest possible determining *legibility*, forcing the conceptual evidence through the use of forms previously immersed in a more or less conscious common background. In other words : "spelling it out". To summarize, we seek an "efficiency", we act deliberately upon the manipulation of ideas, tirelessly renewing the logic which claims that vital experience influences the psyche.

We would like to stress the fact that iconology probably never took leave from art, it is simply a more or less latent stage, claimed as active or passive according to the period. Manipulating is to believe in iconological action, contrary to the passivity of the iconographical scheme inherent to "open work", reintroducing the "machiavelism" in art, literally speaking. Machiavelism, once a common force of iconology (or of poetry, according to Edgar Allan Poe), tried to extract from experience and history the laws and efficient techniques of the work's legibility ; the solution taking into account "fortune" and the risks of individual imagination. The work then becomes a stage for collisions between different realms of connotation, an expressive concentration whose limits are to be predetermined. In these conditions, reference becomes a matter of free-enterprise, free-will and acceptance of contemporary language. We will or will not use reference freely, according to the necessity felt in the reading of the work. Quotation as made sacred by postmodernism looses its resignation, it looses its passive function and becomes an active element of the iconographical vocabulary, accompanied by all the disrespect to which casual words are subjected. This is no longer a matter of quoting, a term derived from funeral orations. It is however a question of making an incidental reference which anticipates the significance it will assume (sometimes fortuitously) in the course of reading. It is no longer the moment to fear the multiplication of images, we are born into that state of being and have built the same logical systems as our elders, thus partly invalidating the theories of deconstruction... The inflation of images, no matter what people think, always refers to a basic human vocabulary, finally rather "limited"... To quote, during the postmodern period, meant to show restlessness ; to quote today means show simply an ability to assimilate socio-cultural restrictions, once again we are in the middle of the "classical ages" ! Art as "manipulator" will not hesitate to quote or to pervert a reference (especially historical or mythological) whose connotative capacity has been explored in order to attach a supplementary interpretation, increasing its weight. In the same way that the surrealists prefered to grasp reality through poetic experience rather than through a conceptual one, this art accepts resorting to the great simple words of the world. It perceives the choices made by history as an acceptable *a priori* of human vocabulary.

We neither think that reaction is still the motivating force in the production of art nor that art's death and rebirth is a pertinent subject. We think however it is time to radicalize various artistic attitudes, and this radicalization is a very lengthy process... which forces one to assume the historical references, and to use them to maximum profit. The resulting language, necessarily contemporary, is unrestrained, atypical... and therefore disturbing, but this is not its main preoccupation.

At the beginning of the century, right in the middle of the industrial era, art integrated the ready-made, which constituted the introduction of manufactured objects in the formal vocabulary ; we would like to experiment - not without humour - with a *ready-thought*, constituting an introduction into current artistic vocabulary of the thoughts proven by common sense. At the dawn of a so much desired *cognitariat*, we will try to pass from the "improved ready-made" to the "improvable ready-thought". We will slip from the fascination for industrial objects to the fascination for the operative thought. The increase of the use of proverbs and commonplaces proves if necessary that it is a question of contemporary language. It is a matter of ensuring art's survival, no longer through the surcharge of formal production, but through a prolific administration of formulated ideas ; passing from the object's misappropriation, specific to a consumer culture, to the recycling of ideas, specific to the limitation of terrestrial existence.

One has to admit that art is monstruous in its essence. Is it not indeed the ultimate exploitation of confinement by this terrestrial dimension ? However it remains the surest means by which our reason can understand the inconceivable real.

Let us imagine for a moment that incarnation is a physiological manipulation of man. As for art, it would be the expression of all the possible means of intervention upon incarnation. It could thus, with no restrictions, confront all the human schemes which have become matter for ethics committees.

Up until now, the fear of a disincarnate art drove us to increasingly create figures of thoughtlessness, in a meaningful escape, according to a consequential logic. We generate a proliferation of illusory "acts of salvation" as to question our responsibility as producers. Is it not logical to think that in a society touched by economic and cultural "crises", art can only survive after having proven its ability to reveal the vertiginous character of the deliriums generated by this society : the extinction of rare species, science as the ultimate landmark, intoxication and rumour ? With the disappearance of biological diversity, the incarnation's experiences are becoming limited : are we going towards an impoverishment of the terrestrial potential, forcing a human recycling, starting with ideas ? (It is urgent to live an "animal life" during one's life-time !)

Since overpopulation and genetic manipulation, to talk about embodiment is to tackle an ethical question. And in this framework, to talk about a possible function of art, is to define it as a counter-power to the ethics committees ; no one will then be surprised that the indifference towards and in the midst of art could be compared to the passive acceptance of supervised thought. More than ever, let us avoid the recent consensus that common knowledge would generate the moral code of our era, which states that the survival of a condemned world would only depend upon scientific knowledge. More than ever, let us retain our critical eye, our free-will, beyond all social obligations. Because the highest moral action (but also subversion) remains the absurdity of persevering in the artistic tale, in full knowledge of the facts, far from all derision, and from all derisory.

Dadaism freely pondered the question of the machine age man, and the *International Situationnist* the urban capitalist environment... today the question would be : what place for artistic productivity versus human excesses which saturate an increasingly limited terrestrial surface? And we only find an answer through the *disruptive and improvable ready-thought.* Object oriented art would like to be an "expansion of evidence", the pure aggravation of a state of consciousness.

ART ORIENTÉ objet is a group constituted in 1991, its members live and work in Paris, France.

Pavel Pepperstein

Ideologization of the Unknown

In our present cultural situation in Moscow, ideologies define not only the aesthetic activity and its orientation model, but also the content of this activity, perhaps even its intentions. In these conditions, the ideological subject presents itself not only as the concrete model of an artistic activity, but also as the raw material of this activity. Ideology is received as an aesthetic object, precisely in the same extreme way that aesthetics is understood as a representative and interpretor of the ideology.

With the experience of the post-structuralist discourse, it is impossible to consider ideology other than as a critical object. Ideology became an object of description, of "distanciation" and memorization. It has to be protected from any interaction with other autonomous fields, such as, for example, the fields of personal relationships, economics or aesthetics ; for ideology has its own immanent status.

Nevertheless there remains a field, language, in which even the criticism of ideology is still ideology. Insofar as language is ideological, it ideologizes every artistic gesture, though these gestures are steered towards a dissolution and destruction of language. Postmodernism proposed (or tried to propose) to radically de-ideologize language in order to transform it into "literature", to liberate it from its condition of perpetual evolution (cultural dao) in order to orient it towards "total tradition" (cultural nirvâna !). In other words, postmodernism tried to overload every statement with references once and for all, and to make it literature, in relation to this "total tradition". Postmodernism, imitating a dead body, stiffening in memory as in the grave... while the living body continues to evolve in memory, in various and always changing positions. Thus it is literature and not language which operates metaphors, and ideology reacts to this substitution ; it has indeed lost its traditional interest for theory and renewed an interest in metaphors, which ideology raised to the rank of aesthetic intentions. In this situation, the aesthetic proposals of the artists take on an ideological color, because they do have a relationship to ideology through metaphors. And, furthermore, they themselves produce ideology.

I could define three current major types of aesthetico-ideological gestures : a founding gesture, a protective gesture, and a farewell gesture.

In the first case, the postmodern producer conceived ideology as a space for the expression of his aesthetic activity, assuming the schizo-demiurgic functions of some god, who creates a world to appear in. In the second case, the producer has felt the danger inherent in the ideological space (sometimes created by himself) and he reacts with protective gestures : irony, analysis, or any other form of distanciation (Monasteirskï 's schizo-analysis, for instance). In the third case, the producer takes into account these former attitudes, considering them as thesis and antithesis, and he tries to make a synthesis thereof, thanks to a constant mastering of emerging culture. This mastering allows him to gain some distance from an "empty center" in relation to tradition (tradition which is naturally located not at the level of ontology, but rather at that of language). From this point the artist can create farewell gestures addressed to every possible situation and he can realize all the aesthetic intentions which transcend decadence ("meta-decadent" intentions). This gesture appears today as the ultimate answer to postmodernism.

A few examples : Kabakov successively makes the three gestures, from the ideology of the "empty center" to the "protective gesture", and finally to the "farewell gesture", which he arrives at through a cultural distanciation within his own tradition. Similarly, Monarsteirskï, from his founding gesture (*Metaphysical Actions* of the 70's), to a "protection" under the form of a schizo-analysis, and to his farewell gesture in the form of retrospectives and current discussions, each of which are still made within this comfortable "empty center".

Nevertheless it is possible to give some examples of artists who, in their proposals, played upon only one element of this triad.

Concerning the artists who produce only the last gesture - that is the farewell gesture which is articulated around the question : what is my role, as I am since the beginning of my activity in the "empty center" of tradition , without succeeding in escaping it ? here I intervene. The technique of farewell gestures, and globally of the transcendance of decadence ("meta-decadence") appeared with the creation of the book *The Star of Love*, in which muscovite avant-guardists wrote some still rather traditional, ironic and even decadent texts.

Off course I would not pretend that the resources of

these gestures have been exhausted. But it may happen that after achieving the farewell gestures, the absorbtion and the transcendance of decadence ("meta-decadence") begin to manifest themselves in another non postmodern situation.

For the moment, the still current postmodern mentality proposes some perfectly constant gestures, addressed in priority to modernism, but also to the other most autistic fundamental traditions. This mentality defines itself through numerous metaphors. It constantly hesitates between "self-assertion and self-negation", and between two attitudes : the "big victory" and the "big defeat". Each of these attitudes proposes a peculiar psychological space, which quite summarizes the muscovite propositions.

These representations, as ideological beginnings, have defined *nomi*, types of "complexes of linguistic realizations" by artists and groups of artists. I examined in detail this notion of *nomi* in the article "The cristallization of the North-West Moscow *nomi*". This notion has several meanings and belongs to a flexible and changing category.

First of all, the *nomi* is a psychological space constituted around texts. It is a written or spoken representation, thanks to which the muscovite avant-guard questioned itself during its existence, at the turn of the 70's - 80's. The *nomi* created a "discussion circle", which reunited numerous artists and artistic groups. These artists chose themes, spoke of themselves, and this discussion circle reflected their activity (they chose their banner).

The *nomi* considers itself as a community, or "circle", who plans future linguistic realizations : they are those of the *nomi* and those who are outside.

We are conscious now that culture is a system of correlative relationships, we consider that the muscovite *nomi* is a unique model, its members do not always know and appreciate each other, but still they are linked by some fraternal ties, especially when the time comes to define the *nomi*.

The *nomi* only exists through its constant self-definition. It is a "circle" which continually travels its circumference, and whose most important definition is the constant designation of its members (thus the "center" and the "periphery" of the *nomi* stand out, certain names always come back, creating inevitable hard cores, while other names are interchangeable). Thus we have a kind of hierarchy, the *nomi* is "self-structured".

If we could definitively determine the ambivalent notion of *nomi*, we would then be speaking of three levels : tradition, the complex of linguistic realizations, and the circle of actors (the elite).

The mental space of the *nomi* has impressed all muscovite avant-guard. Every artist defines himself precisely in relation to this space called *nomi*, and not for instance in relation to occidental art, as seen in Eastern Europe and sometimes in Saint-Petersbourg.

In the *nomi*, the orientation of ideology is the "essential value". When this value speaks, everyone keeps silent, or is obliged to do so.

In the process of our ideo-aesthetic "founding gesture", we have passed from different possible ideological models to a single one. This then is the only model which expresses itself insofar as mental tradition does not give the possibility of a literal translation of the ideological values inherent in the occidental model. The absolute aesthetic model, or sphere of operating consciousness, is and has to remain ideological.

Ideology, which thus remains the normative sphere, is obliged to transform some characteristic object-values, whose essence seems to be, in our precise context, silence. Therefore ideology cannot keep silent, otherwise language would also have to.

This dilemma led us to develop an "ideologization of the unknown". The divisions we conceive in the aesthetic space are purely artificial, and we can, without difficulty, realize some new ideological founding gestures : de-ideologize appearance and ideologize the unknown. We therefore created the ideological space "Inspection".

In practice, the inspective and emerging values of the "ideologized unknown" are all measured in comparison to an ideal value, according to which the basic value of each launched plastic proposition is measured. It is, in its first stage, the "distanciation of the value".

The definition of the ideal value appears in a very strange manner. On one hand, it is absolutely spontaneous, on the other hand it pretends to be absolutely independant of any personal feeling or emotion. Predicting it is almost impossible.

We still suffer the "big defeat" within the framework of this "ideologized unknown", and the resonance of this defeat has a therapeutic effect on our inspective activity. On one hand we live in the fear of an unknown of the unknown, on the other hand we produce a continuing work on the ideologization of this unknown, a work which however can only generate the "big defeat". In other words, we deliberately chose to work with the ideology, even though this work of constant ideologization can only lead us to the forementioned defeat ; but this defeat is perhaps nothing but an obligatory step.

Thus we have created for ourselves a meta-position, that is to say a position beyond the usual opposition of ideology and the criticism of ideology, or the opposition of modernism and postmodernism. By creating this mental threshold, we have been developing various capacities of manipulating former stylistic currents, and of defining the ruling paradigms of language (paradigms which seem to issue from the same process of ideologization of the unknown). In particular we have defined one of the most important paradigms of the moment : "banners of all currents !"(recuperation of all banners). Only there, the "big defeat" joins the "big victory". Under the sign of multicolored banners, they melt until becoming indissociable.

These mental *status* join a daily fund, in the same way that any other brilliant metaphor joins the common interests of the daily discourse (from the grave of literature, they reintegrate into the space of language).

We have realized that postmodernism had to find a transition into these fortuitous frameworks. It must first exhaust all the previously discussed resources of gestures and attitudes (who knows if they are vast or limited ?) If we take into account the limits of our distanciated position, as we have escaped modernism and postmodernism, we will also escape the emerging post-postmodernism, because we are in "non-style" and in-between, where we can still refuse the ideological space of the ideologized unknown. Our activity is a progressive liberation from all categories of ideological value, in favor of an absolute value which abolishes them all.

Thus we pass our time waiting for the moment when the necessity of the ideologization of the unknown will collapse, and when, automatically, the unknown as any other reality will be demanded of us, therefore neutralizing our work.

Pavel Pepperstein is an artist member of the group Inspection Medhermeneutics. Born in 1966, he lives and works in Moscow, Russia.

Bernhard Rüdiger

At the beginning, there was action

I speak in order that you be silent

Stop then your adhesion to what is said

Distance is unfathomable

For art is not autobiographical

My self does not suffice to erase the strangeness between us

As we cannot speak of art in terms of similitude

And it does not suffice that your life should resemble mine

Art is true as words are simple

And that should be sufficient to you

Exclude me from your glance, because I am talking about you

I hurry to say one thing

It concerns the way in which you regard art

How do you dare to consider art as the fruit of the bourgeoisie ?

The bourgeoisie no longer exists, there remains only a lack of intentions and motivations

And in your home, the decoration is out of place, because it never corresponds to you

And then, what do you hope to gain by appropriating trophies ?

Cannibals !

Something heroic, an event, a human defeat ?

How do you dare, artists, collectors and journalists, to consider the life of he who is behind the work as a romantic tempest clumsily played on the piano ?

The life of he who is behind the work is simply behind, and therefore is not

It is you who invents it !

And if you were completely blind ?

Art's only occupation is to produce

Producing like life, like a dying action

You consider all too seriously that the object is a document

That art is a document

And you flaunt your romantic myths

Off course schoolboys' myths

The artist who gives shape to matter

The artist who melts into society

The artist who exhausts himself

The artist who is reality

At the time of post-postmodernism, art is not even romantic, it is the literary description of romanticism

And if it were a postcard ?

All that you say revolves only around the person, the hero, the artist

With arrogance you have appropriated a common goods : romanticism

But you easily deflected the shot

Artists, collectors and journalists : post-postmodernism is

a romantic little-song that you distribute like holliday postcards

I regard the work, does it live by its historic and autobiographical value ?

Lie and cowardice

I regard the work and I subject myself in silence. Period !

The problem is anthropological and human

Occidental island

To use nothing would be impossible and painfull to me.

And it would be insane, because the world exists.

It's true, art is useless, as is my life.

But the ultimate motivation of the Being per se is not the problem of an existence which would be an integral and indivisible part.

My own body does it not hold itself upright in the world ?

Uselessness sticks to my skin.

I am exempt from reaching the height of a unique perspective, because useless signifies using.

Things are outside of me, in the world, only time gives them order.

Space may be large or small, because only in the abandon and taking of space resides necessity. (Am I not therefore myself the point of the departure ?)

At the beginning, there was action - in essence everything is stated in this formula.

My pockets are full ! and their contents can be thrown by the thousands.

Bernhard Rüdiger is an artist member of the group Spazio di Via Lazzaro Palazzi. Born in 1964, he lives and works in Milan, Italy.

Adriano Trovato

A very probable story

The magic of the Renaissance was very brief.

The peace achieved between art and nature didn't satisfy the modern man, spurred on by curiosity about the wide range of natural phenomena. Art, as many other disciplines, made its way towards research. Since that time, each new work of art has become the fruit of the effort to make the most varied aspects of reality coexist and function together, to justify them to an increasingly educated eye, and finally to achieve synthesis through analysis: herein, is indeed the soft and pathetic flavor which accompanies all modern artistic production.

There followed school after school, each of them assuming a speciality, working in teams, carrying to extreme consequences the elaboration of presuppositions, until the cycle is exhausted. One then began to evoke a language inherent in the work of art. And the artist started to see that the perception of reality was nothing but one of many interpretations.

At this point, that is to say, at the end of the fifties, an atavistic fear erupted in the spirits, the fear of loosing the capability to preserve anything at all.

Art after the avant-guard movements is no longer research, suddenly one needs content, one comes back to the spectre of iconography, of symbols ; it is indeed the old requirement for self-representation, for contemplating one's reflection. Having long ago lost the images with which it was done, we restore image and language everywhere, in order to blend them. Art becomes a cultural and ethnic phenomenon : never has art been so expressive.

Many of us are born in this atmosphere, and this atmosphere lingers on, thanks to the sum of unsatisfied epigones which suffocate us even today ; although conceptual and tautological art (perhaps even French new realism and American pop art) seem to have stopped the disease at its onset.

Today those working seriously work for themselves ; art is possible only if truly personal, if not "mediatized". A work of art today succeeds when it is evidence without being a vision of reality, and when it is vision without being an evidence of reality.

This way art begins to resemble nature again, which means that it is perfectly parallel to nature : the two do not meet and at the same time it is impossible to imagine them separately.

Today art is a closed matter. A surprise is no longer expected. And that is fair. That is beautiful. Pasolini said : "It is fair that fathers' faults fall upon their sons." And Adorno, twenty years ago : "It is obvious that anything concerning art is no longer obvious, neither in art itself, nor in its relationship with the all rest ; even its right to the existence is no longer obvious." Today, on the contrary, everything is obvious. Even sometimes, gleaming. We play a winning shot, with works of art. Is there a big debt to the past in our works ? Especially to the recent past ? Do our products resemble those of a generation hiding behind the past ? Every good professional tries to impose on the market products which could be accepted even before being liked. Who cares if we often use, for that purpose, images, techniques and languages of the recent or distant past. We need not invent anything, invention is already in each of us. We use the past because it is convenient, we use its appearances in order to shift attention to some other place, as was done during the Renaissance. By creating and encouraging dependence, we force the public to notice subtleties. In creating and fomenting an hypnotic attitude. Because we have the presumption of making personal art.

What is most convincing in the contemporary artist is his own conviction. Conviction which cannot be confused with perseverance. Even less with attitude. No one believes in culture any longer, culture has been substituted by dispute. What divides people is certainly not culture. Art becomes a technique for asserting one's own existence. Among a thousand insecurities, we work today, believing that we are making art, far from false sophisms, sophisms of an entire era. We are not ashamed of our techniques : on the contrary. Neither are we ashamed of our images : on the contrary. We have no precise and stable reference. We are arbitrary and incoherent in our choices and expressions. The more I am incomprehensible, the more I can be sure that I am right. The world is as we see it. It is as we represent it. Without giving any value to representation. Art is the exalting of my YES to the world. We witness the triumph of the XVII century, it progresses.

We are advertising. Everything is a great artifice. From the apprenticeship of art, we have taken only the pleasure, not the know-how. Strictly habit. In advertising on the contrary, there is a tendancy towards discount : and we think we are smart. What is not convincing in the triumphing artifice is its tendancy towards discount. The people are sovereign. Therefore we bend over double. However the capable artist does not renounce his desire to seduce. Even when his means seem incredibly obsolete. And God knows they are derisory. Perhaps today he seduces in order not to be seen. There is something false in all this. Something calculated.

Today the work of art is absurd, for it is impossible to glean from it the slightest satisfaction without mastering the know-how. Art, not purposely, became the space of truth. It is barbarous.

One cannot discipline art through adhesion to a value. And its product does not obtain any value through information. Nor does this product want to appear as the extension of a value. One can discipline art through recreation. Art blends into the lasting nature of great things. Of colors. Of the matter of which we are made. It offers samples. High untransformable samples. Human activity is transformation. Progressive dis-learning. Art is not an activity. Art cannot be taught. Art is the illuminated house of the Self. Like dreams, when they are said to be "uninterpretable". Art, while being effectuated, is untouchable. Uncommunicating. Like the Self. The viewer is always imperfect. The work is always a manifold invitation. Certain fragments of work come to me by themselves. This is the unconfessed character of the relationship. Always unconfessed. I, with my works, and to a certain extent with the works of others, assert my existence. The laying of bricks is at best an interesting occurence. The bricks themselves are what is important. Everything which is action is involuntary. The presence of a thing, on the contrary, is deliberate. The work exists because the artist wants it to be there. He also wants to be transcended by his work.

It exhausts me to think that everything inevitably becomes classified. Art is the product of he who looks fixedly at what is before him. And this until it no longer has any significance. It is not romantic to assert that neither professionalism, nor public exist in art. Art is based on ignorance. The cultivated person can pass an entire lifetime without grasping even a fraction of the whole. It is not even a question of a level of intelligence. Art is a printed circuit which progressively shows itself to the surface and then becomes conditioning. Art does not represent. It does not associate. But this is important : it does not live its own life. It is simply present as nothing else in the world. One can see it. And how ! Art sings. And through its song, it rejuvenates. There is no idea. The artist marvels at everything. Even at what is opposed to him. I invite the viewer to marvel at the materialization of a vision. I express no opinion, I take no position. I claim neither for an opinion, nor for a position. I am incompetent. I am always less interested by the doing. I grant it less importance. From a certain moment on, I execute. Because I know what I have to do. I am consumed by the uncertainty of knowing how to execute. But I no longer accept suggestions. It is a question of nerves. If I do well, I discharge my tensions. I no longer have any desire to learn. There does not exist a more inconsistant occupation. A more evasive. A more uncontrollable and inconsequential. A more negligible.

Adriano Trovato is an artist member of the group Spazio di Via Lazzaro Palazzi. Born in 1960, he lives and work in Milan, Italy.

Jeffrey Vallance

Blinky, the friendly hen

Dedicated to the billions of hens sacrificed each year for our consumption

On April 27, 1978, I went to the meat department at Ralph's supermarket and looked at frozen chickens in plastic bags. I picked out a nice one and named it Blinky[1]. Next, I drove to the Los Angeles Pet Cemetery to bury Blinky. At the cemetery office, I ordered the complete funeral service, which includes a powder-blue casket with pink satin lining, a lot, interment, a flower vase, the viewing room and a grave marker. By the time she got to the viewing room, Blinky was beginning to thaw, so she was placed on a paper towel so that the moisture would not seep into the satin. A pillow was placed where Blinky's head would have been. A subtle spot shone on Blinky, and beads of moisture glistened in the light.

At the grave site, artificial grass was placed over the dirt, and on this surface were placed the casket and the flower vase. To my surprise, when the coffin was brought out, my name instead of Blinky's was written on the lid ; I felt as if I was witnessing my own funeral. The casket was lowered into the grave in the peaceful cemetery grounds, and the granit marker was set into place.

The mortician at the cemetery had only one question to ask me : "How did your pet die?" To this, I answered truthfully : "I don't know exactly how it died. One day, it just died." The question, however, planted a seed in my mind, which only recently came to fruition.

In 1988, on the tenth anniversary of Blinky's burial, I collaborated with video artists Bruce and Norman Yonemoto to make a videotape. The idea was to exhume the remains of Blinky and to use legal, medical and scientific means to determine the cause of death. An autopsy was performed on Blinky, and her bones were analysed by a computer. The symbols of death (the cemetery, the exhumation, the earthen grave, the corruption of the body, the putrid smell) were so strong that I could no longer think of the scene as dealing with the death of a mere chicken, but rather with the cold reality of all death.

Bird-Spirit

After acting out this absurd drama, I discovered that the Blinky story follows classic folkloric/mythological/psychoanalytical logic. The bird, because of its ability to soar in the heavens, is associated symbolically with spirit. In Christian iconography, the Holy Ghost is represented by a dove and the angels of Heaven have wings. On the island kingdom of Tonga, the spirit of death is represented by the albino bat.

Blinky was buried and after 10 years she was exhumed, her bones washed, and reburied. At the exhumation, there was one unforeseeable problem. The water table was extremely high, and after digging only a few feet, liquid was reached : Blinky had been buried in a watery grave. Instead of a dry carcass, mud filled the casket to the lid. The bones had to be washed and sifted throug a screen. This process seems to me now a reenactment of other processes, native to cultures far different from my own. In Madagascar, the ritual of the second burial is at the core of religious life. When a malagasy dies, a preliminary burial takes place, and after a period of time, when it is judged that the dissolution of flesh and bones is complete, the deceased is exhumed. The remains are washed and wrapped in a fresh shroud (*lamba mena*) and then reburied to complete the process of entombment. The ritual is known as "turning of the dead" (*Famadihana*). The ultimate aim is to end up with clean dry bones, which are subjected to the second burial. The polluting "wet" flesh is separated from the "dry" sacred bones. The flesh is thought as female, the bones as male. It is believed that a snake (*Fannina*) is produced from the putrid fluids. During the *Famadihana* celebration, the remains are held, carried around, talked to and danced with. In Malagasy cemeteries, cenotaphs, or standing monoliths, are erected ; these are referred to as male stones (*vatolahy*). It is believed that the dead who are subjected to a single burial will be transformed into bats.

Character of Poultry

Since the domestication of fowl, man has closely observed the character of birds. Man has associated many barnyard attributes with his own nature. From the vigilant activity of the rooster come the terms : cocky, cocksure, cock of walk, cock-a-hoop, cockalorum. We like to think that when a cock crows, he is saying his own name : "cock-a-doodle-do". From the timidity of the hen come the terms : chicken (coward), henpeck, chicken livered, chicken hearted. In eastern Africa, a Wagogo man thinks that to eat the heart of a hen will make him timid. In a more profane vein, the slang term "chicken shit" denotes a worthless person. In the nineteen-sixties, hot rod artist Big Daddy Roth developed the character Chicken Shift, a drooling "weirdo" with flies buzzing around its head, its hand clutching the gear shift knob of a dragster. The chicken is also the object of ridicule and parody. A "cluck" is a stupid person. The joke-shop rubber chicken who miraculously attains extraordinary powers. Closely related is the term "egghead", coolating the egg's ovoid shape with the bulbous head of a nerd-genius.

Fowl Sexuality

Descriptions of male and female human attributes have been derived from the sexuality of poultry. The egg is the female emblem for potentiality, conception, birth, renewal, immortality and afterlife. The spring celebration of cyclic renewal and resurrection is represented by brightly colored Easter eggs. In Egyptian tombs, the hieroglyph of an egg floating over a mummy signifies afterlife. Maternity is represented by the mother hen sitting on a nest incubating her eggs and in turn gathering her chicks under her wings. Cute baby chicks are symbols of the spring season. The term "chick" is used for a young, attractive girl. A young boy or girl who has been exploited sexually is called a piece of chicken. In La Grange, Texas, there was a whorehouse called the Chicken Ranch, its logo a rooster kissing a chicken. An older man interested in having intercourse with young boys is referred to in certain circles as a chicken hawk.

The cock (rooster) is an obvious male symbol, and the word "cock" has become synonymous with the penis, due to the resemblance of the wattles on the rooster's head to the human scrotum, especially in its proximity to the phallic beak. Another slang word for the male organ is "pecker", denoting the pecking action of the beak. In the Vatican collection is a celebrated bronze sculpture that has male genital organs placed on the head of a cock, supported by the neck and shoulders of a man. The Greek inscription on the pedestal reads, "The Savior of the World". In the Hellenistic temple of Dyonysius at Delos is a monument in the form of a phallus. On the front facade is represented the bird-phallus, a roosting bird with the head of a penis. In contemporary porno stores can be found a "tickler", a rubber condom with the head of a rooster at the end, its beak and coxcom serving as the semen reservoir. The word for the alcoholic beverage, "the cocktail", originated by the joining of cock and tail, which are slang for the penis and female sexual organs, respectively. The consumption of alcohol is regarded by some as a substitute for orgasm. Originally, the "cock pit" was an enclosed arena for cockfighting. In nautical vessels, it is the sunken space toward the stern used by seamen to steer. In the airplane, it is the space for the pilot. Cocktail bars located near airports are often called "The cockpit". Another usage for "cock" is to assume an erect or tilted position, such as the setting of the hammer of a gun into firing position.

The coxcomb, the fleshy protuberance on the crown of a rooster's head, has fascinated man. The aggressive and rebellious tendencies of the rooster are associated with the coxcomb ; in imitation of it, we find Mohawk hairdos or military helmets. Almost every culture has examples of the shape : Romans, Hawaiians, Native Americans, Chinese, Mr. T and punk rockers. The coxcomb resembles both a king's crown and its counterpart, the fool's cap. The red cap with notched cloth worn by jesters is called a "coxcomb" ; from this usage, we still call a silly fellow a coxcomb. American colonists wore a three-cornered hat called a "cocked hat". The practice has evolved into the "cockade", a knot or ribbon worn in a hat.

Folklore

According to folklore tradition, if a person takes a hen's egg and places it under a toad or snake to incubate, out hatches a creature called a cockatrice, wich has the head, body and feet of a cock, the wings of a bat, and the tongue and tail of a snake. Like Medusa, the cockatrice has the ability to annihilate by its glance ; it can be hunted and killed only with the aid of a looking glass. In the Bible, the cockatrice is mentioned five times. In Isaiah 59 : 5, it is said of the wicked that "they hatch cockatrice eggs". The word "cockatrice", in the Bible, is sometimes translated as adder (*Vipera berus*), a vile and venomous snake. The cockatrice, or basilisk, is the heraldic symbol of Basel. A representation of Yahweh used by the ancient Hebrews and in turn the Gnostics Christians was the image of a man with the head of a cock and twin serpents as legs. In Transylvania, among the Gypsies, if a woman gives birth to a boy, she's made to pass after childbirth between the sacrificed pieces of a cock which has been cut in two, or between pieces of a hen, if the child is a girl. Following this ceremony, the men eat the cock and the women eat the hen. This ritual is thought to cleanse the woman from disease and attacks by uncleaned spirits. On the island of Samoa, the kings are said to be desendants of the moa (chicken) clan. The island itself is named after a sacred preserve of fowl – "sa" means sacred and "moa" means hens ; thus, "sacred hens". In Fiji mythology, the chief of all the fowl, Toatoatavaya-O (cock-a-doodle-doo), while looking for juicy worms on the reef, inadvertently placed his foot in the shell of a giant clam. The clam closed tight around his foot. When the high tide came in, the water rose over his head and he drowned. Today, it is believed that is why the rooster crows and the hen cackles when the tide is rising.

The cock is the symbol of the corn-spirit. In parts of Germany, when the last corn stalk in the field is to be cut, the reapers bury a live cock in the ground up to its neck and strike off its head with a sickle. The cock is identified as a fertilizing power, and when killed rises to a fresh life in the spring. In America, the cock as corn-spirit can be seen as a logo on the box of Kellog's Corn Flakes, crowing at a bowl of the flakes. In rural areas of Europe, the person who succeeds in grasping the last ear of corn harvested is called the "cock", and grain is thrown in front of him, at which time he must crow. Beer served at this festive time is given the name cock-beer. Among the village peoples of Asia, if a woodsman fears that a tree he has felled is possessed by a spirit, he must cut off the head of a live hen on the strump of the tree with the very same axe he used to fell the tree.

Severing the head from the body is thought to release the spirit. This procedure is still practiced today in modern supermarkets. Consumers want to disassociate the meat they buy from the dead animals...

A story of Sacrifice

The sacrificial story of Christ (the Lamb of God) and of Blinky (the Friendly Hen) contain similar symbols. The lamb and the chicken are both domestic animals used for food and sacrificial rituals. Christ is the son of God ; the cock is a sun sign. Christ was sacrificed for the sins of the world ; Blinky was sacrificed for our consumption. St. Peter's cock crowed at the dawn of the Resurrection ; in the barnyard, the cock crows at the dawn of the day. Christ compared himself to a hen when speaking about Jerusalem in Matthew 23 : 37 "... How often would I have gathered thy children together, even as a hen gathered her chickens under her wings..." Christ was hung on a cross ; Blinky was put on a supermarket shelf. Christ's body and blood are eaten at the Eucharist ; chicken's flesh is eaten for supper. The head of Christ miraculously appeared on Veronica's veil ; Blinky's head was severed. Christ was buried in a tomb ; Blinky in a coffin. The image of Christ appears on the Shroud of Turin ; Blinky's image appears on the Shroud of Blinky[2]. Christ descends to Hell ; Blinky returns to the marketplace. Christ was resurrected ; Blinky was exhumed.

At the conclusion of the videotape, Blinky's head is reattached, and her spirit travels up from the grave, like the triumphant ascension of Christ. But first she must return to her place of origin, the supermarket. Blinky is a product, and as her life flashes before her eyes, so does a maze of other consumer products. In the end, she is able to transcend the marketplace and enter Heaven, where she is once again whole. R. I. P.

1. The naming of Blinky : Blinky's name refers to the cockeyed stare of the chicken. A chicken does not have binocular vision, so it has to cock its head to one side in order to see an object on the ground.

2. The shroud of Blinky : after Blinky was purchased at the supermarket, I placed her on a piece of paper for the purpose of photo-documentation. Once lifted off the paper, a perfect imprint in blood of Blinky. It is a negative image, similar to the Shroud of Turin.

Jeffrey Vallance is born in 1955, he lives and works in Canoga Park, California.

rebirth to her place of origin, the supermarket. Blinky is a product, and as her life flashes before her eyes, so does a maze of other consumer products. In the end, she is able to transcend the marketplace and enter Heaven, where she is once again whole. R.I.P.

1. The naming of Blinky: Blinky's name refers to the cockeyed stare of the chicken. A chicken does not have binocular vision, so it must turn its head to one side in order to see an object on the ground.

2. The shroud of Blinky: after Blinky was purchased in the supermarket, I placed her on a piece of paper for the purpose of photo documentation. Some blood left on the paper a perfect imprint, the shroud of Blinky. It is a negative image, similar to the Shroud of Turin.

Jeffrey Vallance is born in 1955. He lives and works in Canoga Park, California.

Maria Wutz

Pro-creatics

PRO-CREATE *vt* (c. 1992 ; from *create* "doing odd jobs" and *pro* "specialist"). *Until recently, we could perhaps still employ the term* creators *without raising an eyebrow. Now that there is such urgency to* create *jobs, even if it means producing weapons, and since the* creatives *have appropriated business communication by shamelessly exhibiting the cynicism of institutions, and that the demagogy no longer evokes the slightest humour, it would be quite out of place to talk about* creation. *Therefore we will use here, with the title of the present publication as the unique justification, the term* pro-creation *to describe the specific social activity of art professionals.*

The maximization process of restriction

Several authors (Reitman, 1964 ; Rouquette, 1973, 1979 and Ménard, 1991) tried to distinguish formal categories within the vast range of poorly specified tasks. These contributions have permitted us to point out the notion of *restriction.* It is particularly notable that the pro-creative behaviour of the individual, when solving a problem, depends upon the restriction of this problem.

Another significant idea which emerged from contemporary research is that the couple "Problem/Resolution system" has to be taken into consideration and that we may have to renounce independently characterizing different categories of problems.

We will first make use of the idea of *restriction.* This idea refers to two evolutive properties of the couple "Problem/ Resolution system" :

- on the one hand, the number and/or nature of the demands placed upon the researched solution ;
- on the other hand, the degree of specification of the material in question, meaning its relative specialization in a data base connected to the system.

The result of this process is the increase of one and/or the other of these two properties. In general, we will then say that the process of pro-creation is one of a local maximization of restriction.

More precisely, the major functions of this process, if we omit their interactions and retro-actions, are the following :

a) Analysis and identification of the initial restrictions concerning the material and the end product.

b) Local increase of the restriction through :

- application of operators (particularly aesthetic operators) to the initial restrictions.

- enrichment of the initial data :

. whether through the exploitation of the system's own data base, using associations, analogies, routines.

. or, eventually, through the generation of information (observation, simulation or experimentation).

c) A control of the compatibility and validity of the restrictions.

What we call "intuition" is perhaps nothing but an under-program made to optimize one of the preceding functions.

The maximal restriction coincides with the proposed solution. This maximization is *local* in the way it corresponds to the exploited part of the data base, according to the operators used. For other parts of the base, and for other operators, another local maximal restriction could exist, and so on.

Pro-creation in its context

Pro-creative behaviours, on a primary level, depend upon various formal, semantic and cognitive conditions : the type of task, content of the material in question, representations, standards of production, etc. They are also characterized by the implementation of specific intellectual mechanisms, such as metaphor and intuition. These determinating factors can be studied experimentally and can lead progressively to a rigorous knowledge of the pro-creative phenomenon. Yet the constitution of the latter is not exhausted in the complex action of these primary determinating factors. Besides, every innovation necessarily takes place within a social and historical framework which confers its true significance. In that sense, pro-creation is never a solitary event, autonomous and radical : it always appears as the product of a specific context.

The notion of paradigm

A study of pro-creativity inevitably approaches the history of art. Discovery and invention are then understood, not as contingent productions of the individual, but as the evolutive transitions of a complex global structure. Off course it is not a question of asserting thereby some theological necessity concerning innovation. The aim is however to understand how innovation arises within a network of logical, sociological and historical determinations, given that this network both authorizes and encompasses the primary levels already described.

The principal elements necessary to achieve a general *modus operandi* of pro-creativity are indeed the genesis, development and consequences of successful operations. Pierre Ménard proposed a theory of the flux of art which emphasizes the moments of crisis, called "revolutions".

In that context, art appears as an alternate succession of "normal" states and "critical" states, which generate one another. A "normal" state of art is constituted following one or several fundamental operations which the artistic group considers as established and liable to inspire new works. Pierre Ménard's reflections on a “normal art” lead to the definition of the idea of paradigm : the paradigm is a more or less vast ensemble of models, works and “argumentaries”, which organizes the research into a given period. That is to say that this paradigm will determine possible questions and the different means to be implemented to answer these questions. The paradigm gives us essential references, in the form of an accumulation of data and an adjustment of methodological and conceptual tools. Without this, pro-creativity cannot appear.

But, and it is apparently paradoxical, the flux of art is such that it inevitably questions the paradigm which has authorized and supported it : the quest of novelty finally reveals some phenomena which cannot be accounted for by accepted models or by any contradictions inherent to these models. From that time on, and for an indeterminate period, a crisis situation arises, which can only be solved through the constitution of a new paradigm. The latter is instituted progressively, despite the more or less insistant resistance to changes, fomented by the contemporary pro-creatives.

There are two main reasons determining the adoption of this new paradigm : first it shows a greater strength than its predecessor, insofar as it permits the sale of a new range of previously incomprehensible objects ; and secondly it asserts itself along with the group of pro-creatives who use it as a means to occupy the art scene and to affirm their power by reducing the previous generation to ancient history.

Double-quick

In order to precipitate the end of this contribution, we will simply say that pro-creating, in a period of crisis, consists in forgetting ones fathers and in making ones peers be forgotten. (But what is one to do in a normal period ?)

Maria Wutz has published *Supplément au Cours préparatoire d'esthétique* (Institut Goethe, Stuttgart, 1989). He also is an exegete of the Yoon Ja & Paul Devautour's collection, art operators settled in Nice, France.

Table

Version française

English version

Prochain titre/next issue :

Inhumain ?

✍ CQFD, 24 rue de la Véga, F-75012 Paris

Cet ouvrage a été reproduit
et achevé d'imprimer
par l'Imprimerie Floch
à Mayenne, en février 1993
Dépôt légal : février 1993
Numéro d'éditeur : 2-910025
Numéro d'imprimeur : 33728
ISBN 2-910025-00-4

Imprimé en France